Dorothea Kallenberg
Was dr Schwob ißt

Dorothea Kallenberg

Was dr Schwob ißt

Über Herkunft und
Geschichte
seiner Leibspeisen

DRW-Verlag Stuttgart

ISBN 3-87181-239-0

Gestaltung: Berthold Gauder, Leinfelden-Echterdingen (Musberg)
Lektorat und Bildredaktion: Jupp Gerhards
Satz und Druck: Gulde-Druck GmbH, Tübingen
Reproduktionen: Walter Huber, Ludwigsburg und Dr. Krebs Repro, Leinfelden-Echterdingen
Bindearbeiten: E. Riethmüller, Stuttgart
Papier: 135 g/m² h'frei weiß mattgestrichen BVS mit Stern,
Papierfabrik Scheufelen, Lenningen
Überzug: 100 g/m² Conqueror pastellbraun über Poensgen & Heyer, Fellbach

Bestellnummer: 239

INHALT

VORWORT

»Lieber en Ranze vom Fresse als en Buckel vom Schaffe« wünscht sich der Schwabe. Lange Jahrhunderte hindurch blieb dies ein frommer Wunsch. »Mr ka s'Säckle au zubinde, wenn's net voll isch«, hieß es, wenn man hungrig vom Tisch aufstehen mußte.

Erst in jüngster Zeit macht man sich Gedanken um die kulinarischen Qualitäten der bodenständigen Küche. Früher bekamen neugierige Kinder auf die Frage: »Was gibt es heute zu essen?« die Antwort: »Sauerkraut und Springerle.« Ob dieser Kombination sollte man erschaudern und dem Essen keine allzu große Bedeutung beimessen. Einzeln genossen sind sowohl das Sauerkraut als auch die Springerle eine Delikatesse, die Kombination erst macht sie zu Appetitzüglern.

Eine weitere Standardantwort war: »A Nixle em a Büchsle.« Damit ist natürlich keine eingedoste Seejungfrau, sondern die Verkleinerung von nichts gemeint. Andere Mütter, Großmütter und Tanten haben »Ei'gmachte Kellerstaffle und bratne Muckefüß« angeboten. Die Auskunft »A Riegele an a Gansfiedle« sollte von weiteren Fragen nach der Speisenfolge ablenken. Wer des Schwäbischen nicht mächtig ist, kann anhand der Übersetzung »ein Verschluß für einen Gänsehintern« ermessen, wie drastisch man die Vorfreude aufs Essen bekämpfte.

Trotz dieser Bemühungen ist es nicht völlig gelungen, den Schwaben das Essen abzugewöhnen. Sie setzen sich zwar heute noch mit der Bemerkung: »Hunger treibt d'Bratwürst nunter« an den gedeckten Tisch, doch sie sind keine Kostverächter. Wie manches andere können sie auch das Essen nur hehlingen, also heimlich, genießen. Aber sie können es wirklich. Das Buch soll das zeigen.

EINLEITUNG

Von einer glücklichen Ehe,
vom Schaffe und Spare,
vom Herre-Esse und Baure-Fresse

»Das Großherzogtum Baden kann man mit noch mehr Recht das Eden Deutschlands nennen, als Württemberg« so schrieb vor 150 Jahren der Hohenloher Karl Julius Weber. Wenn die Schwaben so über Baden lobhudeln, sagt man, sie müßten wohl mit einer Badenerin verheiratet sein. Und oft stimmt das. Kein Wunder, daß sich die Württembergische und die Badische Küche im Laufe der Zeit vermischt haben, wobei nicht zu leugnen ist, daß die Badenerin die bessere Aussteuer mit in die Ehe gebracht hat.

Die raffinierten Zubereitungen, die ausgefallenen Genüsse, die besseren Rohstoffe kommen aus dem Badischen. Zusammen mit den deftigen, bodenständigen Alltagsgerichten des Schwaben ergibt das einen Küchenschatz für alle Gelegenheiten, zum Feiern und zum Sparen, für Werktage und für Feiertage, für fröhliche und traurige Feste.

So unterschiedlich die Alemannen und die Schwaben sind, so verschieden ist ihre Küche. Wenn man die Schwaben als sparsame Tüftler, die mehr insichgekehrt sind, beschreibt und die Badener als kontaktfreudig, dem Leben zugewandt, dann kann man davon ausgehen, daß sie das Essen und Trinken von einer anderen Warte aus betrachten. Man sollte daher beider Küchenspezialitäten nicht in einen Topf werfen, sondern sie hübsch nacheinander servieren. Erst dann kann man ihre Eigenheiten erkennen, die Schwäche der einen durch die Stärke der anderen ausgleichen oder ein raffiniertes und teures Gericht durch einen herzhaften, sättigenden Gang ausgleichen. Schließlich macht erst Baden und Württemberg zusammen das Musterländle aus. Und erst die Kombination von badischer Zwiebelsuppe, schwäbischen Spätzle, badischem Rehbraten, schwäbischem Kartoffel- und badischem Brunnenkressesalat ergeben die südwestdeutsche Küche, die zu recht einen herausragenden Platz unter den Küchen Europas erobert hat.

»Bei de Reiche ka mr s'Spare lerne, bei de Arme s'Koche« heißt es über die Schwaben und ihre Küche. Da ist viel Wahres dran. Die schwäbische Küche ist da ursprünglich, wo sie eine Arme-Leute-Küche ist. Große Fleischportionen haben auf dem Teller der Schwaben nichts verloren. Innereien, Knöchle, Sauschwänzle sind Hauptnahrungsmittel, wenn es um fleischliche Genüsse geht. Und der so oft erwähnte Schwäbische Rostbraten ist ein Sehnsuchtsessen, das sich selbst Begüterte nicht oft geleistet haben.

Gustav Rümelin, Kanzler der Universität Tübingen, schrieb 1863 »Die große Masse des Volkes, besonders der Landbewohner, ißt, ohne große Unterschiede der Lebensweise, ihr Brot im Schweiße ihres Angesichtes. Fleiß und Sparsamkeit geben sich da von selbst und mögen im Lauf der Zeit zu einem traditionellen Erbgut geworden sein; wenigstens trifft man sie in der Regel auch da, wo keine Nötigung dazu vorläge.«

Geschenkt worden ist den Menschen in dem zumeist kargen Land nie etwas. Sie haben schon früh gelernt, daß man nicht durch Einnehmen zu etwas kommt, sondern durch Nichtausgeben. So kam es, daß man die Schwaben zu Geizkragen erklärte, dabei sind sie nur »bhäb«. Bröckelespicker, Pfennig- und Kimmichspalter wurden sie nur, weil kein Brosämle umkommen sollte, der Opferstock sowieso schon voll und ein ganzes Kümmelkorn einfach zuviel für einen Wecken war.

Natürlich gab es Unterschiede im Ländle, die schon durch die Beschaffenheit des Bodens und durch die Erbregelung bestimmt waren. Die Herzöge von Württemberg führten Mitte des 16. Jahrhunderts die Regel ein, daß die Hinterlassenschaften von Vater und Mutter gleichmäßig auf alle Kinder verteilt werden müsse. Im Gegensatz zum Hohenlohischen und zu weiten Teilen des Oberlandes, in denen es ein Alleinerbrecht für Erst- oder Letztgeborene gab, führte das zu einer Zerstückelung des württembergischen Kernlandes in immer kleinere Anwesen. Wer sich und seine Familie durchbringen wollte, schaffte das nur mit eisernem Fleiß und Sparsamkeit.

Wirtsleute aus dem Schwarzwald (um 1850)

Doch da es der Herrgott hierzulande so eingerichtet hat, daß es Reiche, Arme und noch Ärmere gab, kannte man natürlich Unterschiede – auch in der Schüssel. »Onser Lebe lang a guts Sach und em Himmel a Weiwirtschäftle« ist kein Motto, das für alle Schwaben gelten konnte. Herre-Esse und Baure-Fresse unterschieden sich ganz deutlich. Doch da die Herre-Esse sich eher an höfischen und daher internationalen Gepflogenheiten orientierten, ist das Typische zugleich das Einfache.

»Man ißt hier gewöhnlich zweimal, mittags um 11 bis 12 und abends um 6 bis 7 Uhr. Die Mahlzeiten sind nicht kostbar und bestehen mittags aus Suppe, Gemüse und Fleisch und abends aus Suppe und Fleisch samt Zugehör. Nachtische sind ungewöhnlich. Die mittlere Klasse begnügt sich schon mehr mit Mehlspeisen und bei der niedrigen sind Mehlspeisen und Kartoffeln das alltägliche Traktament. Diese haben aber desto weniger Nachteil davon zu erwarten, weil sie sich größtenteils mit dem Feldbau beschäftigen«. So steht es in einer Beschreibung der »Reutlinger Sitten, Gebräuche und Ergötzlichkeiten« zu lesen, die ums Jahr 1805 erschien.

Wer in der folgenden Zusammenstellung seine heimische Spezialität vermißt, wer sein Leibgericht nicht aufgezeichnet findet oder feststellt, daß die Rezeptur von der in seiner Familie seit Jahrhunderten überlieferten gewaltig abweicht, sollte daran denken: Was der Schwabe nicht kennt, darüber schreibt er nicht. Über ergänzende und korrigierende Zuschriften jeder Art würde ich mich daher freuen.

Von schmaler Nahrung.
Holzschnitt von Hans Weiditz (1532)

Backen

Vom Ofenrichten im Backhaus,
vom Hudelwisch
und vom Uracher Beck,
der die Brezel erfand

Der Bäcker mit dem Horn.
Gemälde von Job Adriaensz Berckheyde (1630–1693)

Backe, backe Kuche,
Der Beck, der hat gerufe,
Wer will gute Kuche backe,
Der muß habe siebe Sache:
Eier und Schmalz, Butter und Salz,
Milch und Mehl,
Safran macht die Kuche gehl.

Kein anderes Lebensmittel ist so mit Gefühlen befrachtet wie das tägliche Brot. Selbst in unserer Wegwerfgesellschaft hat sich der Respekt vor dem Brot noch gehalten. Wer ohne mit der Wimper zu zucken Obst, Gemüse, Wurst- und sogar Fleischreste in den Mülleimer wirft, hat ein komisches Gefühl angesichts eines alten Brotkantens. Ofenschlupfer, Brotsuppen, geröstete Brotbrocken als Suppeneinlage, Brotstükke in einem Eierteig gebacken, all diese Gerichte zeigen, daß Not erfinderisch macht und Brot zu schade zum Hühnerfüttern ist.

Kein Wunder, daß vieles, was mit Brot und Brotbacken zusammenhängt, mit besonderer Liebe gepflegt wird. Wer dank bäuerlicher Abstammung oder dörflicher Verwandtschaft mit Brot die Vorstellung von großen dunklen Laiben verbindet, die so herrlich duften und nach dem Aufschneiden riesige Schnitten mit gleichmäßig großen Poren ergeben, dem bedeutet das Backhaus ein Stück Heimat – auch wenn es direkt neben der Disco und dem Videoladen steht.

Nach der Abrißwut der 60er Jahre, der viele alte Dorfbackhäuser zum Opfer gefallen sind, hat man im Zeichen der Nostalgiewelle die alten Backhäusle wiederbelebt. Volkshochschullehrer und Heimatpfleger haben sich um das dörfliche Kleinod verdient gemacht. Trotzdem soll es schon vorgekommen sein, daß man bei Inbetriebnahme eines lange Zeit unbeachteten Backhauses versehentlich den Aschekasten statt der Ofenluke beheizte.

Der richtige Umgang mit dem Backofen ist in der Tat eine Kunst. Kein Wunder, da ein kleines Schwarzwälder Mädele zu Beginn unseres Jahrhunderts immer inbrünstig »Lehr uns alle s'Ofarichte« betete, obwohl der unbekannte Gebetstext bestimmt »Lehr uns alles so verrichten, daß ...« gelautet hat. Aber der Umgang mit Schieber, Laibkorb, Hudelwisch und anderen Backhausutensilien erschien dem Mädele so furchteinflößend, daß es für sein zukünftiges Bäuerinnendasein den Schutz des Himmels erflehte.

Eine ganz so urschwäbische Einrichtung, wie man es vielleicht annehmen könnte, ist das Gemeindebackhaus gar nicht. Aus dem Jahr 1785 datiert eine feuerpolizeiliche Anordnung, die lautet: »Communen sollen Bedacht nehmen, öffentliche Wasch-, Dörr- und Backhäuser zu errichten und um einen leidlichen Zins zu verleihen.« Der Grund für den Zwang zum Gemeinschaftshaus war die Feuergefahr, die von den Privat-Backöfen ausging. Die

Bäcker beim Einschießen

ländliche Bevölkerung wehrte sich gegen das von oben auferlegte Backverbot im eigenen Haus. Sollte man doch gezwungen werden, bei Nacht und Nebel und bei winterlicher Kälte ein entfernt gelegenes Backhaus aufzusuchen. Die Behörden mußten kräftig nachfassen – 1836 verlangte das Königliche Oberamt Münsingen Antwort auf die Fragen: »Wieviel Backhäuser sind bis jetzt hergestellt? Wieviel Backöfen befinden sich in denselben? Welche Hindernisse liegen im Wege, daß noch gar kein Backhaus oder nicht die gehörige Anzahl derselben hergestellt ist? Entsprechen die vorhandenen Backöfen der Erwartung sowohl in Beziehung auf die Güte und Schmackhaftigkeit des darin gebackenen Brotes als der Holzersparnis in der ganzen Gemeinde nach Klafterzahl und Geldwert?«

Der wackere Schwabe beziehungsweise die wackere Schwäbin, die sich sonst kaum fürchtet, mußte zurückstecken und auf das Privatbacken verzichten – dem Backdrang tat das Gemeinschaftshäusle keinen Abbruch. Zumal die Gemeindebackhäuser funktionierten wie die bisher gewohnten. Über einer gemauerten oder aus Lehm gestampften Unterlage wölbte sich eine ebenfalls gemauerte oder aus Lehm geformte Kuppel. Der Ofenmund bildete den Zugang zum Inneren. Ein darin entzündetes Holzfeuer erwärmte den Boden und das Gewölbe. Mit einer Eisenstange wurde die Glut »verschlagen« und gleichmäßig im Ofen verteilt. Der Rauch zog nach oben ab. Nach dem Herunterbrennen des Feuers entfernte man die Glut mit der Kruke (einem langen Stiel mit Holzbrett) und die Aschenreste mit dem Hudelwisch. In komfortableren Öfen fielen diese Überreste durch einen Rost in den daruntergelegenen Aschekasten.

No net hudle

Daß der schwäbische Spruch »No net hudle«, der inzwischen zum Autoaufkleber verkommen ist, mit dem Backhaus zu tun hat, wissen nur die wenigsten. Er ist auf den Hudelwisch zurückzuführen, auf den »Lompa am Stecka«, mit dem man nach dem Auskehren der Ofenöffnung rasch über die heißen Steine fegt. So bleibt nur noch eine ganz dünne Ascheschicht zurück, die aber erwünscht ist, weil sie dem Brot die richtige Würze verleiht. Ein Bäcker im Remstal, der sein Schnitzbrot ohne jeden Ascherest zum Verkauf brachte, wurde von den Hausfrauen gefragt, ob das Schnitzbrot aus der Fabrik käme. Erst als er vorführte, daß er seinen Holzbackofen mit dem Staubsauger rein hielt, nahm man ihm das hausgemachte Hutzelbrot ab.

Ebenfalls aus der Backstube stammen die Ausdrücke »net recht bache« für ein bißchen dumm, »obache«, also ungebacken, als Ausruf der Entrüstung und »allbache«, also altbacken, für altmodisch – was aber das Backen im Gemeindebackhäusle keinesfalls ist. Immer mehr junge Frauen versuchen sich an Selbstgemachtem aus dem Holzofen, wobei für sie das Teigmachen meist die größte Hürde ist. Das kunstgerechte Ofenrichten und das Einschießen übernimmt oft eine alteingesessene Bäuerin, die sich auf all das »Ofa'richte« versteht – und zu allem Überfluß Büschele zur Hand hat, ohne die kein Dorfbackhaus zu beheizen ist.

Schon zu allen Zeiten hat man die Reisigbündel (Büschele oder Kräle) nicht immer selbst hergestellt, sondern auch käuflich erworben. Der Büschelesmô, der fast eine Institution war, fuhr mit seinem reisigbeladenen Wägelchen durch die Dörfer. Dabei hat mancher wohl hin und wieder zu einer List gegriffen, damit der Reisigvorrat etwas länger hielt. Zu den bekanntesten Anekdoten gehören solche wie die folgende: »Also dreißig Büschele sollet's sei. Ois, zwoi, drei, vier, femf ... Wi lang send se jetzt schon verheiert? Nein Johr, so ebbes, wie d'Zeit vergeht. Zehn, elf, zwelf, dreizehn ... Ond dr Vadder, wie lang isch'r jetzt scho uff'm Gottesacker? Achtzehn Johr, was se net saget ... neinzehn, zwanz'g, oisazwanz'g ...«

Der Backtag ist für Hausfrauen und Bäuerinnen Großkampftag. Allein das Kneten des Schwarzbrotteiges, das bis heute hin und wieder in kinderbadewannengroßen Teigmulden oder -gelten durchgeführt wird, erfordert Riesenkräfte. Aber auch die Herstellung der süßen und salzigen Kuchen, der Hefenzöpfe und -kränze, der Weißbrote oder Kuchenbrote ist anstrengend genug und beginnt schon am Vorabend des Backtages, wenn man alle Zutaten bereitstellt, Hefe- oder Sauerteig ansetzt. Natürlich hat man an solchen Tagen kaum Zeit zum Kochen. Das Mittagessen kommt aus dem Backofen: Salzkuchen, Zwiebelkuchen, Dätscher und Flammkuchen heißen die Spezialitäten, die überall im Lande heiß gegessen und geliebt werden.

Der Brezelbeck

Doch in der Stadt mußte man auf hausgemachtes Backwerk frisch aus dem Ofen keineswegs verzichten. Um es wirklich gut geraten zu lassen – und weil häufig in den Küchen der richtige Ofen fehlte –, trug man das Backgut zum Bäcker. Für ein paar Pfennige oder Zehnerle, konnte man die Bleche und Formen mitbacken lassen.

Der Bäckaoffe jedoch, den man in badischen und elsäßischen Landen kennt, ist nicht die Bezeichnung für Bäckers Ofen, sondern ein Fleisch-Gemüse-Eintopf, den man in einer irdenen Schüssel gart und mit einem Deckel aus Brotteig verschließt. Dann gab man das nahrhafte Gemisch einige Stunden in den heimischen, den Gemeinschafts- oder den Bäckerofen.

Die Domäne der süddeutschen Bäcker war und ist die Laugenbrezel, die schwäbische Spezialität, von der alle heimwehkranken Auslandsschwaben schwärmen und die – gut verpackt und versteckt – so manchen Amerikareisenden ins Gepäck gesteckt werden. 1829 schrieb der Stuttgarter Heinrich Wagner ein Loblied auf das Laugengebäck, das auch Brezet oder Brezget genannt wird:

Und ohne Brezeln wäre mir
Kein Festagsmahl geblieben.
Die Brezel-Bäcker kenn ich hier,
Hab alle aufgeschrieben.
Allein, ich sag euch jedenfalls,
Backt keiner so wie Nachbar Balz
Charfreitags-Laugenbrezeln.
So wohl gerüstet, braun lackiert,
So stattlich und so plastisch,
So schmackhaft nett, mit Salz kandiert.
Nicht weich und doch elastisch.
Wahrhaftig, beßre aß ich nie.

Der Bäcker in einer Darstellung aus dem Jahre 1698

Das Bäckerhandwerk ist hierzulande recht jung, weil das Brotbacken lange Jahrhunderte zur Arbeit der Frauen zählte. Der Beck wurde früher Pfister genannt, ein Wort, daß es nur noch als Familiennamen gibt und das vom lateinischen Pistor gleich Müller oder Bäcker abstammt. Der Name des Laugengebäcks stammt aus dem Lateinischen. »bracchium« der Arm oder vielmehr »bracellum« das Ärmchen sind die Taufpaten für unsere Brezel. Und da jeder Schwabe weiß, wie wichtig die nicht zu dünnen, nicht zu dicken aber schön röschen Ärmchen der Brezel sind, hat er vollstes Verständnis für diese Ableitung.

Weniger offensichtlich ist die alte Tradition, die sich hinter dem Kinderreim *»Backe, backe Kuchen, der Bäcker hat gerufen.«* verbirgt. Der Ruf – in manchen Gegenden auch das Hornsignal – meldete, daß das Bäckerbrot fertig und der Ofen zum zweiten Mal heiß sei, bereit für den zu Hause zubereiteten Teig und die Kuchen. Passen würde der Kindervers auch zu einer anderen, aus dem Schwäbischen überlieferten Tradition, denn der Bachmô, ein Bäckersmann, der den Gemeindebackofen zu bedienen hatte, machte ebenfalls mit Signal darauf aufmerksam, daß der Ofen glühte. Und bis vor wenigen Jahren gab es in manchen Backhäusern noch eine Backfrau, die die Kunst des Einschießens besonders gut beherrschte. Von der Münsinger Alb, genauer gesagt aus Eglingen, wird berichtet, daß Maria Nahlinger dieses Amt noch bis in die siebziger Jahre ausübte.

Becka, also Bäcker, galten früher als faul, denn sie saßen immer in der warmen Stube. Man sagte ihnen außerdem nach, daß sie es mit den Gewichten der feilgebotenen Backwaren nicht immer so genau nahmen, auch wenn die Brotvisitation, die Nachprüfung der Brotgewichte durch die Obrigkeit, unangenehme Überraschungen für sie bereithielt. »Wenn dr Beck a Schuschter wär, no wäret alle Schuh z'kloi« heißt ein heute fast vergessenes Sprichwort.

Die Brotvisitation. Gemälde von Samuel Hirschfelder (1876)

Trotzdem verdanken wir einem ungetreuen, weil ungenauen Becken eines unserer schönsten Backwerke, die Laugenbrezel. Wenn man der Überlieferung glauben darf, war es ein Uracher Bäcker, der sein Leben verwirkt hatte, weil er zu kleine Brötchen buk. Doch er sollte Gnade erfahren, wenn es ihm gelänge, ein Küchlein zu backen, durch das die Sonne dreimal durchscheinen kann. Der Beck, der nach zwei Tagen Bedenkzeit die erste Laugenbrezel ins gräfliche Schloß brachte, straft den Volksmund Lügen, der früher mit der Bezeichnung »So a Beck!« einen tölpelhaften Menschen zu charakterisieren pflegte.

Das Einschießen

Die Zeiten für das Backen im Gemeindebackhaus wurden und werden durch das Los bestimmt. Da die in der Nähe von Feiertagen gelegenen Termine besonders begehrt sind, sorgt man auf diese Weise für Gerechtigkeit. Wenn die Frauen im Backhaus zusammenkommen, um ihre Backzeiten zu verhandeln, wird meist auch einiges andere besprochen und durchgehechelt. Kein Wunder, daß man früher sagte, die Zeitung, das Blättle, entstehe wohl im Backhaus. Der Preis für die Benutzung des Backhäusles war meist eher symbolisch. In Mundelsheim am Neckar zahlt man heute eine Mark für drei Stunden Backhausbenutzung – wobei zu bedenken ist, daß man etwa 1½ Stunden vorheizen muß.

Zuerst schießt man die Schwarzbrotlaibe ein. Sie kommen zuhinterst in den Ofen. Man läßt den im Laibkörbchen gegangenen und vorgeformten Teig mit einem gekonnten Plumpser auf den Schieber fallen, praktiziert diesen in den von einer Kerze schwach beleuchteten Ofen und befördert den Laib mit einer jahrelang geübten Drehung vom Holzschieber auf die heißen Steinplatten des Ofens. Dabei muß man sorgfältig darauf achten, daß die Brote nicht zu dicht aufeinander sind, sonst können sie nicht gleichmäßig aufgehen und backen zusammen. Ein Brot, das beim Einschießen beschädigt wird, nennt man Oartlaib – eine Bezeichnung, die man auch auf Menschen anwendet, die nicht ganz richtig »bache« sind.

Außer dem Schieber zum Einschießen benutzt man in manchen Gegenden eine Laibschüssel – einen Kupfer-Schapf mit langem Stiel. Man taucht sie in kaltes Wasser, formt mit nassen Händen rasch ein Brot, gibt es in die Laibschüssel und befördert es dann kopfüber in den Ofen. Bei diesem Verfahren kommt der Brotteig nicht schon vorgeformt und in Stroh-Laibkörben ins Backhaus, sondern man nimmt eine Backschüssel mit größeren Mengen ungeformten Teiges mit und zerteilt ihn erst an Ort und Stelle.

Nach dem Schwarzbrot kommen Weißbrote und Kuchen in den Ofen. Sie befinden sich in der Nähe der Ofentür, damit man sie bei Bedarf herausnehmen oder umplazieren kann. Ist noch Platz im Ofen, kann man auch Gödele und Knöchle in einer eisernen Kachel dazustellen, so bekommt das Schweinefleisch einen besonders herzhaften Geschmack.

In Mundelsheim, wo man wie in vielen Weinbaugegenden trockenes Rebholz als Feuermaterial verwendet, findet alljährlich ein Dorffest statt, bei dem ein Laibkorb-Tragewettbewerb stattfindet. Er erinnert an die Zeiten, als man noch per Schubkarre vor dem Backhaus vorfuhr oder gar die Körbe mittels eines größeren Brettes auf dem Kopf trug. Ein Bäuschle, ein ringförmiges Kopfpolster, gehörte zur Grundausstattung unserer Urahnen. Man behauptet, daß sie vom Wasser- und Korbtragen ihren aufrechten Gang bekommen hätten, den man früher auch bei arg abg'schafften älteren Frauen beobachten konnte.

Der Schieber – ein unentbehrliches und nicht leicht zu handhabendes Backhaus-Utensil

Dorffest in Mundelsheim mit Wettbewerb im Laibkorb-Tragen

Laibkörble aus Stroh

Bei der heute wieder in Deckenpfronn im Gäu gefeierten Sichelhenke backt man Stecklinge, einen besonderen Zwiebelkuchen, wie man ihn nur im kleinsten Dorf des Landkreises Böblingen kennt: er hat seinen Namen daher, weil man ihn in die Resthitze des Ofens gesteckt hat.

Wenn sich zwei Familien einen Backofen teilen, muß das Brot gekennzeichnet werden, denn ein schwäbischer Laib oder auch ein Zwiebelkuchen gleicht oft dem anderen aufs i-Tüpfelchen. Brotstempel, Einritzungen oder ein Stück Reisig werden zur Markierung des Backgutes heute noch verwendet.

Nach dem Backen wird das Schwarzbrot mit einem Bürstchen und kaltem Wasser abgerieben, damit es schön glänzt. Auch das Bestreichen mit kaltem Kaffee verhilft dem Schwarzbrot zu einer guten Kruste. Weißmehlgebäck wird vor dem Einschießen mit Eigelb bestrichen. Das war oft die einzige Aufgabe für Kinder, die ins Backhaus mitgenommen wurden. Mit einem kleinen Backpinsel oder Laibbürstchen bewaffnet durften sie die frisch vom Schubkarren abgeladenen Köstlichkeiten säuberlich bestreichen, ehe sie in das gierige Ofenloch verschwanden.

Das Schwarzbrot, das je nach Größe des Haushalts ein oder zwei Monate reichen sollte, mußte vor Feuchtigkeit und Mäusen geschützt untergebracht werden. Dafür gab es Brothenken oder Brotschränke. Die Brothenken, die wie Schaukeln an der Keller- oder Vorratsraumdecke angebracht waren, sorgten dafür, daß kein Unbefugter an das Brot kam. Auch abschließbare Schränke, deren eine Türfüllung aus hölzernen Gitterstäben bestand und so einen ungehinderten Luftzutritt ermöglichten, sind bekannt. Hier war der

Brotkorb dann nicht »höher gehängt« aber trotzdem unzugänglich für Leckermäuler oder hungriges Gesinde. In städtischen Haushalten gab es eine Brotbüx' oder Brotkapsel, die aus Steingut, Kupfer, Zinn oder später aus emailliertem Blech bestand.

Fast ebensogut wie die Brothenken bewahrte eine Mär das frisch gebackene Brot vor dem allzufrühen Ende. Kindern und andern g'luschtigen Leuten erzählte man recht anschaulich, welche negativen Folgen für die Gesundheit es mit sich bringen könnte, wenn man allzuviel frisch gebackenes Brot essen würde. Man bekommt davon fürchterliche Magenschmerzen, sagte man dem frischen Schwarzbrot nach, das ja eigentlich die Wangen rot machen sollte. Viele ließen sich davon abschrecken und hielten ihren Konsum in Grenzen. Und wenn das Brot erst einmal ein paar Wochen alt war, aß man es bestimmt nur noch gegen den Hunger. Trotzdem blieb dem Brot das Schicksal jenes Laibes nicht erspart von dem es heißt: »Laible du musch Riebele heiße, Riebele du musch gessa sei!« Das Gegenstück zum Riebele – auch Ränftle genannt –, der Anschnitt, heißt Knäusle; er ist im Gegensatz zum meist altbackenen Riebele sehr begehrt. Für ein dickeres, nicht so geschickt vom Laib geschnittenes Brot gibt es den Ausdruck »einen Ranken Brot«. »Lieber a Stück Brot em Sack als a Feder am Huat!« sagt der Schwabe und beißt in das trockene Brot.

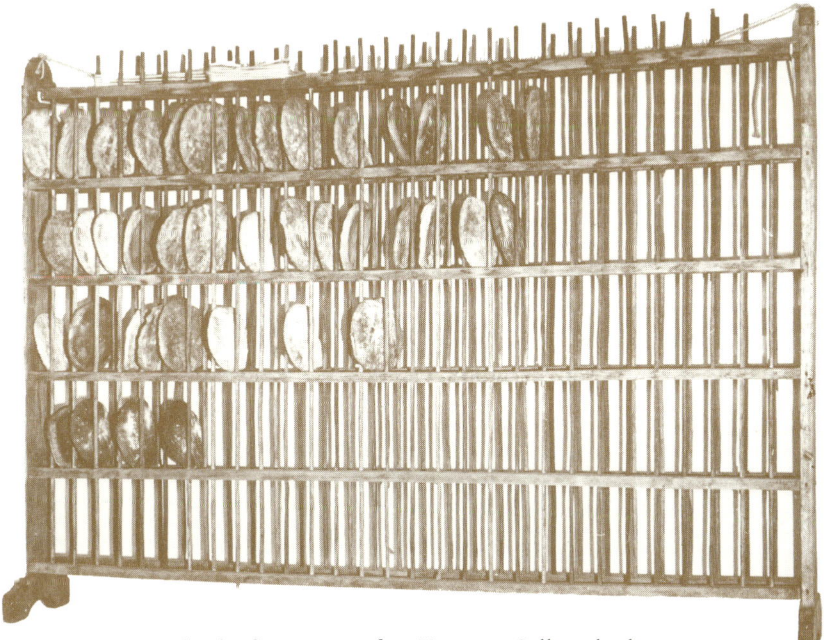

Brothenke für einen großen Vorrat an Selbstgebackenem

Dätscher

500 g Weizenmehl Type 405 *½ TL Salz*	*Mehl und Salz in eine Schüssel geben.*
150 g Fett *etwa ⅛ l Milch*	*Fett in der Milch schmelzen, abkühlen lassen.*
½ Würfel Hefe	*Mit der Hefe einen kleinen Vorteig zubereiten, sobald er aufgegangen ist die Milch handwarm an den Teig geben, gut verkneten. Der Teig sollte etwa die Konsistenz von Dampfnudelteig haben, also etwas weicher sein als für Weißbrot.* *Ist der Teig gegangen und hat er dabei sein Volumen verdoppelt, teilt man den Teig in kleine Stücke, setzt die Teigballen auf ein Blech und läßt sie nochmals zehn Minuten gehen. Dann drückt man sie mit dem Handrücken etwas aus, wobei darauf zu achten ist, daß sich ein Rand bildet und in der Mitte eine Vertiefung bleibt.*
1 kleiner Becher Sauerrahm *1 Ei* *1 EL Mehl* *1 EL Salz* *Kümmel oder Schnittlauch*	*In diese Vertiefung gibt man – kurz vor dem Backen – 1–2 EL des Gusses, auch Brühle genannt, den man in der Reihenfolge der Zutatenliste miteinander verrührt hat.*

Die Dätscher müssen bei guter Hitze rasch gebacken werden. Im heimischen Herd heizt man dazu auf höchster Stufe vor und schaltet dann auf etwa 200 Grad zurück. Dann läßt man das Gebäck etwa 10–15 Minuten im Ofen, je nachdem ob man es hell oder dunkel haben möchte.

Hefel

1 Rest Brotteig
Mehl

Man läßt einen Rest Teig in der Backschüssel, gibt Mehl dazu und verreibt es mit dem Teig, so daß sich Streusel bilden. Diese Streusel läßt man auf dem Backbrett trocknen und bewahrt sie in einem Leinensäckchen hängend auf bis zum nächsten Backtag. Dann wird der Hefel zusammen mit der Hefe wieder aktiviert.

Im Schwäbischen wird das Wort Hefel auch im übertragenen Sinne gebraucht für einen Rest, der dazu führt, daß sich im Laufe der Zeit immer mehr dazugesellt, zum Beispiel im Bügelkorb oder in der Ablage.

Landbrot

600 g Rogenmehl Type 997
250 g Weizenmehl Type 405
150 g fein gemahlenes Weizen- oder Roggenschrot
60 g Hefe

In die Mitte des Mehls eine Vertiefung drücken, die Hefe hineingeben und von der Mitte her mit dem Mehl vermengen.

1½ EL Salz
1 EL Essig
½ l Wasser

Beim Kneten Salz, Essig und Wasser zugeben. Zudecken, 50 Minuten gehen lassen, durchkneten und nochmals 15 Minuten gehen lassen, Brotlaib formen. Auf ein heißes, gefettetes Blech geben, einritzen.

1 Tasse Wasser

In den gut vorgeheizten Backofen geben, eine halbe Tasse Wasser vorsichtig auf den Herdboden gießen. Bei 225 Grad 50 bis 60 Minuten lang backen. Herausnehmen und mit Wasser bestreichen.

Schwarzwälder Speckkuchen

250 g Mehl
125 g Fett
1 Ei
Salz

Aus den Teigzutaten rasch einen Hackteig kneten, kalt stellen.

250 g geräucherter Schwarzwälder Speck
250 g Lauch
2 Zwiebeln

Für den Belag Speck würfeln, Lauch und Zwiebeln in Ringe schneiden, im ausgelassenen Speck andünsten.

¼ l süßer Rahm
4 Eier
Pfeffer
Salz
125 g geriebener Käse

Rahm, Eier, Salz, Pfeffer verrühren, das Gemisch aus Lauch, Zwiebeln und Speck zugeben, gut durchmischen, geriebenen Käse hineingeben, abschmecken.

Teig auswellen, in eine Kuchenform mit gewelltem Rand geben, Boden mehrmals einstechen. Den Belag hineingeben, glattstreichen, einige übrigbehaltene Speckstücke obendrauf legen.
Bei 220 Grad etwa eine halbe Stunde backen.

Küchle

Wie man Fasnetsküchle bettelt,
Springerle backt,
Kirbekuchen verteilt
und was der Gugelhupf
mit den Mönchen zu tun hat

Fasnetsküchle
in typischer
Zeppelinform

Im Gegensatz zum rheinischen Karneval hat die Fasnacht im Musterländle eine andere Triebfeder: Nur der Küchle wegen wirft man sich ins Narrenhäs und singt:

Lustig ist die Fasenacht,
wenn mei Mutter Küchle bacht.
Wenn se aber koine bacht,
dann pfeif i auf die Fasenacht.

Ganz ernst sollte man den Volksmund in diesem Fall nicht nehmen, denn dort, wo es traditionsreiche Fasnacht gibt, ist die Stimmung gut, auch wenn die Küchle einmal ausgehen sollten. Und selbst im protestantischen Württemberg ist die Fastnacht nicht ganz so traurig, wie man immer behauptet. Zwar sagen die Oberländer, daß bei ihnen eine Leich (eine Beerdigungsfeier) lustiger sei als die Fasnet im Unterland. Sie haben nur zum Teil recht, wie eine Oberamtsbeschreibung von Reutlingen aus dem 19. Jahrhundert sagt: »Fastnacht giebt zu allerhand Lustbarkeiten, Leckereien und Mummereien Anlaß, förmliche Aufzüge aber, wie in katholischen Gegenden, sind selten.«

Aus dem strengen Calw wird berichtet, daß an Fastnacht die Bäcker im Auftrag der ledigen Burschen den Mädchen Brezeln an die Kunkeln (Spinnrocken) gehängt haben – ein Brauch, der aus der Zeit der Licht- oder Spinnstuben stammt, wo sich Mädchen und junge Frauen zu Handarbeiten trafen. Diese Karz, auch Lichtstub oder Stubengang genannt, wurde oft mit allerlei Schabernack, aber auch von Küchle begleitet. Vor allem evangelische Pfarrer machten sich Sorgen um die Moral und wollten den Stubengang verbieten oder mindestens die Burschen aus den Spinnstuben fernhalten. Von der Fasnet wollten die gestrengen Pfarrherrn natürlich erst recht nichts wissen. Aber es gelang ihnen nicht, das Küchlebacken zu unterbinden.

Fettgebackenes gab es auch in den evangelischen Haushalten in Hülle und Fülle, schon wegen der Heische- und Bettelbräuche, die hier und dort heute noch existieren. Niemand wollte sich lumpen lassen und so buk man selbst in den ärmsten und kleinsten Haushalten, von denen man in Schwaben sagt »da guckt beim Küchlebacke dr Pfannestiel zur Tür naus«.

Beim Küchlebetteln machten vor allem Kinder und Unverheiratete mit –

und warfen sich dazu ins Narreng'wand. Ein Kirchenprotokoll aus Ebhausen im Nordschwarzwald verzeichnete am 18. Februar 1709 einen Tadel für ein Gemeindemitglied, »welcher am Ascher Mittwoch in Narrenkleidern geloffen«. Noch vor 20 Jahren rief man in kleineren Gemeinden im Neckartal »Fasnetsküchle raus oder mir schlaget Türe naus!« oder ähnlich charmante Reime, um zu den heißersehnten Küchle zu kommen.

Fasnetsküchle, Funkenring und Dötsche

Hausgemachte Küchle werden in vielen Familien am schmotzigen (also fetthaltigen) Dorstich oder Daustich (Donnerstag) gebacken und zum Mittagessen mit Dörrobst serviert. Die Küchle werden rhombenförmig geschnitten, sie bekommen im Fett dicke Bäuche und erinnern eher an ein Luftschiff des »verruckten Grafen« als an die allgegenwärtigen Berliner Pfannkuchen. Schon mancher Nichtschwabe hat in die verlockend aussehenden dunkelbraunen Zeppeline gebissen und war enttäuscht, weil der Luftanteil so hoch ist. Man sollte sie mit Zucker und Zimt bestreuen und noch lauwarm essen.

Ein Faselhannes-Paar aus Bad Waldsee

Für den Funkensonntag, an dem in Oberschwaben die Fasnet symbolisch verbrannt wird, Strohpuppen und Hexen auf den Scheiterhaufen kommen oder glühende Holzscheiben geschlagen werden, gibt es ein Traditionsgebäck, die Funkenringe. Aus Mürbteig gebacken, ring- oder brezelförmig kennt man sie in Ravensburg seit 1617.

Einen Heischebrauch wie an Fasnet gab es in Teilen des Landes am Pfingstsonntag. Einmal sind es Roßbuben oder Latzmänner dann wieder der »Pfingsbutz« wie in Balingen, der durch die Straßen geht und ruft:

Pfingstbutz bin ich genannt,
Eier und Schmalz sind mir wohlbekannt,
Weißmehl schlag ich nicht aus.
Meine Kameraden und ich backen Dötsche draus.

Fast in Vergessenheit geraten ist der Pfeffertag, der 28. Dezember, an dem mit Tannenreisig bewaffnete Kinder um Gutsle, Nüsse oder andere kleine Geschenke baten – mit mehr oder weniger Nachdruck:

Aklopfe Hämmerle,
s'Brot leit im Kämmerle,
s'Messer leit derneba,
sollt mer a Stückle gebe,
Äpfel raus, Bira raus,
no gang i en a anders Haus.

Mutscheln und Dombedai

Vor Festtagen haben Bäcker und Hausfrauen alle Hände voll zu tun, denn jedes Fest hat sein besonderes Gebäck. Auch wenn man auf traditionelle Gerichte keinen großen Wert legt, ohne Backwerk wären Schützen- oder Kinderfeste, Kirbe oder Zunftfeiertag nur halb so schön. Das zeigt das Saulgauer Bächtlesfest, dessen Name mit Backen und Backwerk zu tun hat, ebenso wie das Biberacher Schützenfest, bei dem die Kinder mit Schützenkrapfen beschenkt werden. Frisch aus dem Ofen sollte man dieses Blätterteiggebäck essen, das mit Himbeer- oder Träublesgsälz gefüllt wird, obenauf noch einen Klecks Gsälz bekommt und dick mit Puderzucker bestäubt wird.

Die Reutlinger Mutscheln, ein rundes oder sternförmiges, mit Kränzchen und Zöpfen geschmücktes salziges Hefegebäck, das einer alten Überlieferung zufolge den Stern von Bethlehem darstellen soll, haben ihren großen Tag am Donnerstag nach dem Erscheinungsfest. An diesem Tag wird überall in Reutlingen gemutschelt. Jung und alt würfeln um große und kleine Mutscheln, im Familienkreis, in den Wirtschaften und Vereinen, ja sogar im Kirchenchor oder im Kirchengemeinderat greift man zum Würfel und ermittelt den Sieger, der die größte Mutschel bekommt. So ist der Mutschel-

Am Mutscheltag

tag ein Festtag, der vor allem den Bäckern willkommen ist. Mutscheln werden nicht zuhause gebacken, sondern im Bäckerladen gekauft. Wer allerdings zu spät dran ist und einige Tage nach dem großen Tag nach Mutscheln verlangt, kann die schwäbisch knappe Antwort bekommen: »G'mutschelt wird am Mutscheltag!«

Auch in der Reutlinger Nachbarschaft waren Mutscheltage der Brauch, sie fielen auf den Nikolaustag, die Jahreswende, den Dreikönigstag. In Nürtingen beispielsweise würfelte man am 6. Dezember den »Hanselmann« aus, einen Nikolaus aus Brotteig. Im badischen Teil des Landes gibt es Brot-Nikoläuse, die meist aus Wasserhefenteig geformt werden. Man gibt ihnen eine dekorative Reisigrute in den Arm und nennt sie Dombedai, was vom französischen homme petit kommt und einfach Männlein heißt.

Aus dem Französischen kommt auch das Wort Mutschel oder Mutsche, es wird von dem Wort »miche« abgeleitet. In einem französischen Wörterbuch ist es als aus dem 13. Jahrhundert stammend verzeichnet, geht auf das polulär-lateinische »micca« zurück und wird auf ein rundes Brot angewendet, das auf dem Lande üblich war. So ist wohl kaum der Reutlinger Bäcker Albrecht Mutschler, der im ausgehenden 14. Jahrhundert lebte, der Namenspatron für dieses Traditionsgebäck.

Horaffen

Crailsheimer Horaffen (Haaraffen) aus Hefeteig, in den nach Blätterteigart Butter eingearbeitet wird, kennt in der ehemaligen freien Reichsstadt heute noch jedes Kind. Aus einer spannenlangen, zweifingerdicken Teigrolle, die man einschneidet und halbiert wird ein Horaff gerollt, der aussieht wie ein rundes »W«.

Der Horaff wird von manchen Heimatforschern als das wohlgerundete Hinterteil der Frau Bürgermeister gedeutet, die anno 1379 die Soldaten der freien Reichsstädte Hall, Dinkelsbühl und Rothenburg von einer weiteren Belagerung Crailsheims abhielt. Angesichts der Frau bürgermeisterlichen Fülle glaubten sie an das Vorhandensein von gut gefüllten Vorratsscheuern. Doch dem Sinn des Traditionsgebäcks eher auf die Spur kommt man mit der Übersetzung »offenes Horn«. Aus anderen Gegenden ist bekannt, daß die gänsehütenden Buben und Mädle am Martinstag, wenn die Gänsehut endete, hornförmiges Gebäck bekamen. Es war dem Hirtenhorn nachgebildet und machte einen Teil des Hütelohnes aus. Noch heute werden die Horaffen vom Bürgermeister an die Schulkinder verteilt, obwohl es längst kein Federvieh mehr zu weiden gibt.

Seelen, Schnecken und Räberle

Seelen, aus gesüßtem Hefeteig mit Rosinen und Korinthen wurden einem alten Brauch zufolge in der Ravensburger Gegend bei Beerdigungen zum Gedächtnis an den Verstorbenen gereicht. Aber auch in vielen Bäckereien gab es die süßen Seelen, eine mit Marmelade gefüllte Hefeteigtasche, die dick mit Zuckerguß überzogen war. Säälen, wie der evangelische Schwabe sagt, der Katholik sagt Seelen, waren hierzulande immer etwas Konkretes – entweder süß oder salzig. Wie viele Kirchgänger haben sich wohl bei dem Wort Seele immer eines dieser Gebäcke vorgestellt. Die salzigen, die Wangener Seelen, die einer Kümmelstange in Aussehen und Geschmack ähnlich sind, und die am Allerseelentag oder beim Leichenschmaus gegessen werden, kennt man inzwischen in vielen Teilen des Landes.

Die mit Rosinen, Zimt und Zuckerguß bestrichene Schneckennudel ist ebenso schwäbisch wie die große Brezel, die an Weihnachten und am Neujahrsmorgen auf den Tisch kommt. Diesmal jedoch wird das kunstvoll geformte Hefeteiggebäck nicht in Lauge getaucht, sondern mit Zöpfchen geschmückt und mit Eigelb bestrichen.

Raberle und Weihnachtsringe sind weniger bekannte Gebildbrote für Weihnachten und den Jahreswechsel. Im kleinen Städtchen Neubulach im Kreis Calw werden sie in manchen Häusern heute noch hergestellt und zum »Schloßbeck« getragen, der sie schön knusprig ausbäckt. Die Herkunft des Namens ist unbekannt, nur noch wenige Frauen kennen das Rezept für dieses Hefegebäck, in das man zum Verschenken ein blankgeputztes Geldstück hineinsteckt.

Früher kannte man, passend zu den verschiedenartigen Gebäcken, streng festgelegte Schenkbräuche. Paten mußten mit einem Gebäckstück in bestimmter Größe, einem sogenannten Dotenring (-brezel, -wecken) beschenkt werden. Das Dötle, das Patenkind, bekam oft einen Kipf, einen

Schwäbische Schneckennudeln

Wecken oder eben ein Raberle, in dem ein Geldstück steckte. Aus Neubulach wird überliefert, daß Weihnachtsringe in kinderreichen Haushalten in solcher Anzahl ins Haus kamen, daß man dafür im Keller einen extra Besenstiel aufgehängt hatte, an dem die Ringe aufbewahrt wurden und an denen man lange zu beißen hatte.

Heute, wo man in diesem Teil der Welt mehr mit Übergewicht als mit Unterernährung kämpft, kann man sich kaum mehr vorstellen, wie wichtig Naturabgaben einmal waren. Es ging nicht darum, eine Tradition aufrecht zu erhalten. Die Gaben in Form von Broten waren ein wichtiger Beitrag zum Abwenden der Not in kinderreichen Familien oder bei den Dorfarmen.

Die Sternsinger, die früher in ihre eigene Tasche wirtschafteten, gehen heute noch von Haus zu Haus und erbitten Spenden für soziale Zwecke. Kaum mehr vorstellbar sind jedoch die Neujahrswünschbräuche, bei denen besonders Bedürftige und Kinder Geld oder Naturalien sammelten, indem sie das neue Jahr ansagten mit Sprüchen wie:

Ich bin ein kleiner Mann
und wünsche, was ich kann.
Viel Glück, viel Heil, viel Segen,
mag Euch der Höchste geben.
Prosit zum Neuen Jahr!

Sternsinger am Dreikönigstag

Apfel-, Knie- oder Sichelküchle

Schmalzgebackenes hat viele Namen, auch wenn es im Prinzip immer nach ähnlichen Rezepten zubereitet wird. Interessant sind schon wegen ihres Namens die Pfannebeischt (Bäusche) aus Aalen, die anderswo vielleicht Knie- oder Knuiküchle heißen. Man bereitet sie aus Hefeteig, den man dünn auswellt und in Quadrate schneidet. Diese Teigflecken zieht man dann aus, man dehnt sie nach allen Seiten, so daß die Mitte recht dünn und durchsichtig wird. Das Bild vom Knieküchle, das bei heruntergelassenem Strumpf überm Knie geformt wird, ist zwar erheiternd, aber nicht ganz falsch.

Der Pfannebausch aber erinnert an das Bäuschle, ein unentbehrliches Utensil aus Großmutters Zeiten. Dieses meist ringförmige Kopfpolster diente dazu, Krätte (Körbe), Zoinde (größere Körbe) und Krüge abzupolstern, die man auf dem Kopf trug. Andere Zeichen aus dieser Zeit sind die sogenannten Marktbänkle, die ab und zu noch an Landstraßen zu sehen sind. Auf diesen hohen steinernen Gestellen konnte man die Kopflast absetzen, ohne jemanden um Hilfe bitten zu müssen.

Beliebt, weil nicht an bestimmte Anläße gebunden, sind die Apfelküchle. Man macht sie aus dünnen Apfelringen, die in einem leichten Bier- oder Eierschaumteig getaucht schwimmend gebacken werden. Auch die Fensterküchle, die ähnlich wie die Fasnetsküchle aus Hefeteig hergestellt, dann aber ausgezogen werden, indem man den Teig nach allen Seiten hin dehnt, finden rasch ihre Abnehmer. In manchen Gegenden heißen die innen flachen, nach außen hin bauschigen Küchle Kopfkissele. Früher buk man sie auch am

letzten Tag der Getreideernte, zur Sichelhenke, weshalb sie den Namen Sichelküchle bekamen.

Viele erinnern sich auch gern an Flachswickel, ein fetthaltiges Hefegebäck in Form eines Zopfes oder falschen Knotens. Seine Bezeichnung erinnert an den spinnfertigen Flachs, den man in Zopfform aufbewahrte, damit er sich nicht verhedderte. Hübsch ist auch der Name Bubenschenkel oder Schenkele für ein Schmalzgebäck, das man aus einem länglichen Stück Teig formt, das man in der Mitte bis zur Hälfte einschneidet, kurz gehen läßt und dann frittiert.

Wie stark der Wunsch nach Küchle werden kann, beschreibt Gustav Schwab in den »Schildbürgern«, seiner Fassung des 1597 in Straßburg erschienen Lalebuchs. Darin ist von »meiner Großmutter Großvaters Bruders Sohn« die Rede, der ein »Kindbetterin-Gelüste« bekam und Küchle essen wollte. Die Frau aber sagte ihm, daß aus den Küchle nichts würde, weil kein Schmalz im Hause sei. Er ließ sich jedoch nicht verdrießen und forderte weiter seine Küchle. »Und hätte sie nicht Butter und Schmalz, so sollte sie es mit Wasser versuchen. Wollte die Frau Ruhe haben und zufrieden sein, so mußte sie dem Mann willfahren, sie rührte also einen Kuchenteig an, ganz dünn, als wollte sie Sträublein backen, setzte eine Pfanne Wasser über das Feuer, und nun mit dem Teig darein. Der Teig zerfloß im Wasser und es wurde Brei daraus, darüber die Frau zornig, der Mann leidig war.«

Die badischen Strauben oder Sträublein, die man auch als Dessert reicht, werden häufig aus einem Brandteig gefertigt und zu Kringeln gespritzt. Man serviert sie warm, dick mit Puderzucker bestäubt. Von einem im schwimmenden Fett gebackenen Rundkuchen mit Namen Straubeze weiß Anneliese Schuhholz zu berichten. In ihren »Köstlichkeiten aus der schwäbischen Küche« schreibt sie, daß bei Hutzenbach im Schwarzwald junge Mädchen dem erfolgreichen Bewerber die Straubeze überreichten. Blieb der Kuchen aus, wußte er, daß er einen Korb bekommen hatte.

Weihnachtsgutsle

Kleingebäck gehört zu den Spezialitäten vieler schwäbischer und vor allem der badischen Hausfrauen. Die Vielfalt in der südwestdeutschen Keksschachtel – auch Maukeneschd genannt – ist kaum zu übertreffen. Nicht nur für die Advents- und Weihnachtszeit backt man hierzulande kleine Köstlichkeiten. Die Gutslesdose, die man hinten im Kleiderschrank aufbewahrte und für unerwarteten Besuch hervorholte, ist das ganze Jahr über mit hausgemachtem Anisbrot, Makronen jeder Art, Spitzbuben oder Albertle gefüllt.

Das Wort Brötle, die Verkleinerungsform von Brot, zeigt an, daß die Weihnachtsbrötle mehr sind als nur eine Leckerei. Viele der Brötle, die ja sehr haltbar sind, waren für den Vorrat wichtig. Im Herbst bereitete man sie

aus reifen und getrockneten Früchten, aus Rosinen (Zibeben), Birnen-, Zwetschgen- und Äpfelschnitz, aus Mehl und Eiern zu, um so bis zum Frühjahr vorzusorgen.

Trotzdem haben viele Weihnachtsgutsle verkleinernde Namen: Ausstecherle, Albertle, Springerle, Schokoladenschäumle und dann die ungezählten Brötle: Haselnuß-, Quitten-, Olga-, Himbeer-, Pomeranzenbrötle. Ohne verniedlichendes Anhängsel kommen die Bärentatzen, die Spitzbuben, die Hägenmakronen und die Lebkuchen aus, wobei diese im Gegensatz zu den Springerle keine typisch schwäbisch-badische Erfindung sind.

Die Herkunft des Namens Springerle ist nicht endgültig geklärt. Man führt ihn einerseits auf die mit Modeln geformten Bildgebäcke zurück, die häufig Roß und Reiter zeigten, also Springer. Andere jedoch sagen, daß es von den Füßle kommt, die die Springerle unbedingt haben müssen, um als gelungen zu gelten. Um diese mehr oder weniger ausgeprägten Füßle sorgt sich die Weihnachtsbäckerin besonders, wenn sie die Springerle mit den alten, über Generationen vererbten Modeln geformt hat und sie über nacht auf einem mit Anis bestreuten Backblech trocknen läßt. In dieser Zeit müssen sie »einen Rucker tun«, springen, eben Füßle bekommen.

In einem alten Baseler Rezept aus der Biedermeierzeit (auch in der Schweiz kennt man die Springerli) heißt es: »Kriegen sie keine Füßchen, so schimpfe man die Buben aus oder die Stubenmagd: war schlecht gerührt oder Durchzug in der Stube. Springerli ohne Füßchen sind eine Ärgernuß.« Oft werden die Springerle, die man mit alten Modeln backt, nicht so fein und detailgetreu, wie man sie sich wünscht. Studiert man alte Rezepte, stellt man fest, daß man den Teig in solche Model sehr dünn aufgestrichen und ihn dazuhin noch beschwert hat, so daß der Teig aushärtete und beim Backen nicht mehr arbeitete. Gebäckstücke aus besonders schönen Modeln, die man mit dem »Marzipan des Südens«, aus Springerle-Eierteig herstellte, wurden nach dem Backen bemalt und an den Weihnachtsbaum gehängt.

Das Hutzelbrot

Das Hutzelbrot aus getrockneten Birnen, Hutzeln genannt, ist eines der traditionsreichen Weihnachtsgebäcke. Es ist mit dem saftigeren, an Datteln und Feigen reichen Früchtebrot nicht so recht zu vergleichen. Das richtige Hutzelbrot hat noch die Teigstruktur des Hefeteiges, der durch die Schnitzbrühe (das Einweich- und Kochwasser für die Hutzeln) dunkel gefärbt wird. Wie im »Stuttgarter Hutzelmännlein« gezeigt, hat es aber auch die Funktion der Wegzehrung und des Vorrates. Dank der Feuchtigkeit, die die Früchte enthalten, wird das Brot nicht so schnell trocken, man kann es bis ins Frühjahr hinein essen.

Leider haben die heutigen Hutzelbrote nicht mehr die auf Zauberwirkung

Schnitzbrot

zurückzuführende Eigenschaft, sich selbst wieder zu ergänzen, so lange noch ein Riebele übrig bleibt. »Soviel du davon schneidest, so viel wachst immer wieder im Ranzen oder Kasten, wenn du auch nur ein Ränftlein, Fingers breit, übrig behälst.« So sagte das Männlein in Mörikes »Das Stuttgarter Hutzelmännlein« zum Schustergesell Seppe.

Die Oberamtsbeschreibung aus Tettnang aus dem Jahr 1915 sagt über das Weihnachtsgebäck: »Als Festgebäck backt man Birnbrot (aus eingekneteten gedörrten Birnschnitzen) und Birnzelten (rundes Kleingebäck aus dünn gewelltem guten Nudelteig mit aufgelegtem Mus aus zerkochten Birnenschnitzen).«

Werktags- und Feiertagskuchen

Unübertroffen sind die Frauen hierzulande bei der Herstellung von Kuchen und Torten. Auf diesem Gebiet sind sie Meister, auch im Tiefstapeln. »Nemmet Se sich halt no a Stückle von dem Käskuche, er isch mr ja arg vergrote. S'letschd Mol war er mindeschtens doppelt so hoch.« Solche oder ähnliche Aussprüche kann man nicht nur an schwäbischen Kaffeetafeln hören, wo man sich als Nichteingeweihter wundern muß, mit welcher Hartnäckigkeit die Besucher dazu genötigt werden, »Vergrotenes«, »Z'sammegsessenes« zu essen. Dabei zeugen solche Selbsterniedrigungen nur vom Perfektionsstreben der Bäckerin. Vor Augen hat sie ein Traumbild

Träubleskuchen

von einem Träubleskuchen (Träuble sind rote Johannisbeeren, man darf sie nicht mit Weintrauben verwechseln), der natürlich nicht immer gleich gelingen kann – mal ist der Eischnee fester, mal lockerer, mal sind die Träuble süß, aber steinreich, dann wieder saftiger und dafür sauer.

Natürlich ist es auch bei den übrigen Kochkunststücken so, daß man darauf hinweist, daß es ja »gar nichts Rechts«, »bloß so a bißle« ist, außerdem, daß man grad net putzt hat, obwohl alles spiegelt und der letzte »Fengertapper« auf der »Türschnall« (Klinke) kurz vor Eintreffen des Gastes weggewischt wurde.

Diese Mentalität, die man sonst nur bei den Chinesen findet, zeigt, daß nicht nur die Maultaschen den Südweststaat mit dem Reich der Mitte verbinden. Ein chinesischer Gastgeber wird eine Mahlzeit immer mit einer Entschuldigung für die geringe Anzahl der Speisen und deren schlechte Qualität beginnen, die dem hohen Rang der Gäste absolut nicht würdig seien. Der Gast aber muß die zahlreichen wohlgefüllten Schüsseln bestaunen, heftig protestieren und erklären, warum er jedes einzelne der Gerichte für besonders gelungen und wohlschmeckend hält.

Kirbekuchen

Welchem Backstreß die Bauersfrau vor der Kirbe ausgesetzt war, erkennt man an dem Stoßseufzer:

O wenn's no Kirbesamstig wär, mittags am drui,
ond i stend en de Küchle dren – bis zu de Knui

Zur Kirbe, Kerwe, Kilbi oder Kirchweih ist der Kuchensegen kaum noch zu bewältigen. Jetzt, zur Erntedankfestzeit, werden süße und salzige Kuchen, Streuselkuchen und Hefekränze ins Backhaus getragen. Nicht selten wurden zwanzig bis dreißig Kuchen gebacken, darunter so vergessene Köstlichkeiten wie Rahmkuchen (aus Sauermilch), Glombakuche (Klumpenkuchen) aus hausgemachtem Quark, Kartoffel- und Krautkuchen.

Unterscheiden muß man zwischen dicken und dünnen Kuchen. Die dikken Kuchen sind Weißbrote aus Hefeteig mit Fett und Milch. Die dünnen Kuchen, auch Beeden (Böden) genannt, sind die eigentlichen Kuchen. Oft ließ man sie bis zum Schluß leer und gab erst im Backhaus, beim Bäcker oder kurz vor dem Einschießen den Belag oder den Guß darauf. So konnte man die Kuchen sicher transportieren. Es soll schon vorgekommen sein, daß man den Zwiebelkuchenbelag auf den süßen Hefeteig, den Rahmguß aber auf den salzigen Boden gab. Gemerkt hat es meist keiner der Esser. Eine Spezialität, die zwischen dickem und dünnem Kuchen liegt, ist der Streuselkuchen. Es gab und gibt immer noch welche mit viel Boden und wenig Streusel – für werktags und ungeliebte Gäste – und Kuchen, bei dem das Verhältnis Boden zu Belag stimmte.

Kirbe ist für die Protestanten was für die Katholiken die Fasnet ist. Im Herbst, wenn die Ernte in der Scheuer, Zwetschgen und Äpfel reif sind und der Most schon räs wird, kann endlich gefeiert werden. Und man kann

Salziger Rahmkuchen

essen, so viel man will. Am Kirbemontag besuchen sich die Bauern gegenseitig, aber auch das Gesinde wurde nicht vergessen. Wer sich an der Kirbe »lumpen ließ« wer sich geizig zeigte, hatte verspielt. Kein Wunder, daß man sich schon lange im voraus auf die Kirbe freute, auch wenn es einem dann so gehen konnte wie dem Mochenwanger Hundle. Dieses arme Tier wird in Oberschwaben immer dann bemüht, wenn jemand deutlich gemacht werden soll, daß man nicht mehr länger auf die Einlösung eines Versprechens warten will. »Du hasch's grad wie d'Mochewanger mit ihrem Hondle. Den hend se allweil aufs Fressa vertröstet, bis er am Kirbevorabed Hongers gstorbe isch!«

Besonders vorteilhaft ist es, wenn die Kirbe in benachbarten Ortschaften auf verschiedene Sonntage fällt – so kann man länger feiern. Nicht immer zur Freude der Hausfrau. Aus Dornstetten stammt ein Ausspruch einer geplagten Küchlesbäckerin: »O ihr liebe Kirbegäscht, daheimbleibe isch s'Allerbeschd!«

Wer am Kirbemontag nicht daheimbleiben konnte, sonders aufs Feld gehen mußte, wurde besonders reichlich verpflegt. Der Ausspruch eines Großknechts, der genau an diesem Tag zum Zackere mußte und von jedem Kuchen ein großes Stück mitbekam, wird heute noch überliefert: »I han bloß von jedem Kuche oi Viertel ond dahoim kennet se esse soviel se wellet!«

Der Gugelhupf

Der Gugelhupf, gerührt oder gehefelt, mit oder ohne Zibebe, (Rosinen) gehört zu den trockenen Kuchen, die man heute ohne größere Gewissensbisse am Werktag zum Kaffee essen kann.

Früher wurde er nur an hohen Feiertagen zubereitet, für sonntags gibt's den Hefezopf oder Hefekranz, unter der Woche aß man Kuchen eigentlich nur, wenn vom Sonntag noch was übrig war. Der in der traditionsreichen Kupfer- oder Keramikform gebackene Kuchen hat seinen Namen von der Mönchskapuze, cucullus, aus der dann die Gugel wurde, eine Kopfbedekkung mit ansitzendem Schulterkragen, die bis ins 16. Jahrhundert von Bauern als Reise- und Jagdtracht getragen wurde. Auch das Wort Guck – oder gar Spitzguck – für Tüte und das Wort Gugelfuhr (für umständliches Vorgehen, Durcheinander) stammen von der Kopfbedeckung der Ordensleute ab. Die Gugelfuhr muß man sich bildlich als eine Wagenladung voller Gugelträger – Bauern oder Mönche – vorstellen, die für ein beträchtliches Durcheinander sorgten.

Getriebene Bronzeformen, die den Napf- oder Gugelhupfformen gleichen, hat man aus römischer Zeit gefunden. Sie sind im Historischen Museum in Speyer zu sehen – der Gugelhupf hat also eine imponierende Traditon.

Fasnetsküchle

500 g Mehl 20 g Hefe ¼ l Milch etwas Zucker	Mehl in eine Schüssel geben, eine Vertiefung machen, Hefe hineinbröckeln, dazu etwas Zucker und von der lauwarmen Milch geben. Einen kleinen Vorteig anrühren, gehen lassen.
60 g Butter 60 g Zucker 2 Eier	Dann die übrigen Zutaten bei Zimmertemperatur hineingeben. Den Teig so lange schlagen, bis er Blasen wirft. Nochmals gehen lassen. Etwa 1 bis 2 Zentimeter dick auswellen und rhombenförmige Küchle ausrädeln. Auf ein Backbrett geben, mehrmals mit der Gabel einstechen und erneut gehen lassen.
Fett zum Ausbacken Zimt und Zucker zum Bestreuen	Die Fasnetsküchle in heißem Fett ausbakken, bis sie eine goldbraune Farbe haben. Noch warm mit Zimt und Zucker bestreuen.

Gehefelter Gugelhupf

500 g Mehl 20 g Hefe etwas Zucker ⅜ l Milch	In der Mitte des Mehls eine kleine Vertiefung machen, die zerbröckelte Hefe mit etwas Zucker und lauwarmer Milch anrühren, in die Mitte des Teiges geben und einen kleinen Vorteig machen. Mit Mehl bestäuben und gehen lassen.

1 TL Salz
abgeriebene Schale einer Zitrone
100 g Zucker
100 g Butter
3 Eier
50 g Sultaninen

Die restliche Milch, Salz, Zitronenschale, Zucker, Butter und die Eier zugeben, der Teig sollte die Dicke eines Spätzlesteigs haben. Mit dem Kochlöffel schlagen, bis der Teig Blasen wirft, danach die Sultaninen zugeben.

Fett für die Form

Die Masse in eine gebutterte Form geben, warmgestellt nochmals gehen lassen. Bei guter Hitze in ½ bis ¾ Stunden backen.

Träubleskuchen

250 g Mehl
125 g Butter
75 g Zucker
1 Ei
1 TL Backpulver

Aus dem Mehl, Butter, Zucker, Ei und Backpulver einen Hackteig kneten, zum Laib formen und kühl stellen.

3 Pfund Träuble
etwas Zucker

Die Johannisbeeren waschen, vom Stiel streifen (am besten mit einer Gabel) und mit etwas Zucker bestreut stehen lassen.

250 g Puderzucker
6 Eiweiß
200 g geschälte, geriebene Mandeln oder Haselnüsse
Schale einer halben, unbehandelten Zitrone

Eiweiß zu steifem Schnee schlagen, Puderzucker einrieseln lassen, dann die geriebenen Mandeln zugeben (einen kleinen Rest für den Boden übrig lassen). Mit Zitronenschale abschmecken. Zwei Drittel des Gusses unter die Beeren mischen.

Kuchenteig auswellen, in eine gefettete Form geben und den Boden dünn mit geriebenen Mandeln bestreuen. Baiser-Beeren-Masse auf dem Teigboden glattstreichen, in den Backofen geben.
Eine Viertelstunde vor Beendigung der Backzeit den restlichen Baiserguß auf den Beeren verteilen und überbacken.

Schnitzbrot

800 g Birnenschnitz *600 g gedörrte Zwetschgen*	*Birnenschnitz und Zwetschgen waschen und getrennt über Nacht einweichen. Die Birnen im Einweichwasser nicht zu weich andünsten, noch heiß über die entsteinten, zerkleinerten Zwetschgen schütten und abkühlen lassen.*
250 g getrocknete Feigen *je 50 g Zitronat und Orangeat* *250 g Walnüsse*	*Feigen in kleine Stücke schneiden, Zitronat und Orangeat würfeln, Nüsse hacken.*
3 Pfund Mehl *30 g Hefe*	*Das Mehl in eine Backschüssel geben, aus Hefe und etwas Schnitzbrühe (dem Kochwasser der Birnen) einen kleinen Vorteig bereiten.*
300 g Zucker *150 g Rosinen* *100 g Sultaninen* *2 TL Zimt* *1 Msp. Nelkenpulver* *⅛ l Kirschwasser* *1 EL Salz*	*Wenn der Vorteig gegangen ist, alle Zutaten dazugeben, vorsichtig mischen und so viel Schnitzbrühe angießen, daß sich ein geschmeidiger Teig ergibt. Kneten, bis er sich von der Schüssel löst, dann mit Mehl bestäuben und gehen lassen.*
Mandeln zum Verzieren	*Den gegangenen Teig zu kleinen Laiben formen, über Nacht nochmals gehen lassen und am anderen Morgen bei guter Hitze backen. Sofort nachdem sie aus dem Ofen kommen mit Zuckerwasser oder Schnitzbrühe bestreichen und mit halben Mandeln verzieren.*

Springerle

500 g Zucker
4 Eier
abgeriebene Schale einer halben Zitrone
1 Msp. Hirschhornsalz,
500 g Mehl

Zucker mit den Eiern sehr gut rühren, Zitronenschale und Hirschhornsalz dazurühren, zuletzt das Mehl.

Den Teig auf einem Brett kneten, bis er geschmeidig ist, kalt stellen. Kleine, für die Springerlesmodel passende Stücke etwa ¾ cm dick auswellen, die mit etwas Mehl bestäubten Formen in den Teig drücken, mit einem Messer ausschneiden.

Anis
Fett fürs Backblech

Die Springerle auf ein leicht gefettetes, mit Anis bestreutes Blech setzen und über Nacht stehen lassen. Bei schwacher Hitze backen, dabei die Ofentür nicht ganz zumachen.

Suppe

Warum die Schwaben keine Suppenkasper sind,
warum die Taufsupp
gesetzlich verboten wurde
und was der Herr Pfarrer
mit der Zwiebelsuppe vorhatte

Manchmal werden Suppenschwab und Suppenkasper miteinander verwechselt. Dabei ist der Schwabe das Gegenteil vom Suppenkasper. Heinrich Hoffmanns Kinderschreck rief immer: »Ich esse meine Suppe nicht, nein, meine Suppe eß ich nicht!« Das würde ein Schwabe nie tun, er löffelt seine Suppe stillschweigend aus.

Die Suppen sind der Schwaben Schatz,
dazu die Klapperei und Schwaz

hat der Schumacher und Poet Hans Sachs einst über die Schwaben geschrieben. »D'Supp on s'ander isch s'Bescht« sagt der knitze Schwabe über seine Leibspeise, zu der er ein zwiespältiges Verhältnis hat. »Wenn se hentenach komme tät, würd se koiner esse.« Auch der Ausruf der Hausfrau: »Deen Wasser nei, d'Leut hen Honger« läßt Zweifel aufkommen, ob die Schwaben freiwillig so gerne Suppe essen. Oft blieb ihnen gar nichts anderes übrig.

Die Vorgänger unserer heutigen Suppen waren die Morgen- und Abendsupp, ein nahrhafter Brei, den die ganze Familie aus einer Schüssel löffelte. Diese Brot- oder Milchsuppen bildeten die Grundlage für einen harten Arbeitstag oder stillten den größten Hunger nach einem anstrengenden Tagewerk. Nicht immer war eine Suppe in der Schüssel, die mitten auf dem Tisch stand. Bratkartoffeln, die man mit dem Löffel aus der Schüssel fischte und sie anschließend in seine Tasse mit Kaffee aus Malz oder Spitzbohnen (Gerste) tunkte, konnten Suppe oder Brei ersetzen.

Schwarzer und weißer Brei

Man teilt die Suppen nach ihrer Grundlage in Wassersuppen, Milchsuppen, Wein- und Biersuppen sowie Fleischbrühen ein. Zur erstgenannten Gattung gehören der schwarze und der weiße Brei. Der schwarze Brei aus Musmehl war vor allem in der Zeit, bevor man die Kartoffel kannte, ein wichtiges stärkehaltiges Nahrungsmittel. Musmehl entsteht, indem man Getreidekörner röstet und anschließend grob zermahlt. Dieses Schrot kann längere Zeit aufbewahrt werden. Der Brei, den man aus diesem groben, dunklen Mehl zubereitet hat, war nahrhaft und konnte – in Strümpfe oder

Saubladern (Schweinsblasen) verpackt – aufs Feld oder zur Waldarbeit mitgenommen werden. Fürs häusliche Mahl bereitete man ihn zusammen mit Wasser, Salz und etwas Fett zu. Wenn es ging, wurde er noch ein wenig geschmälzt und alle aßen ihn aus der gemeinsamen Schüssel.

Die Löffel – oft das einzige individuelle Geschirrteil – waren mit Lederriemen unter dem Tisch befestigt. Jeder nahm seinen Platz ein, holte den einfachen oder geschnitzten hölzernen Löffel hervor und begann mit der Mahlzeit. Zum Abstellen der Muspfanne diente der Pfannenknecht, ein dreibeiniger Hocker, der in der Mitte des Tisches aufgestellt wurde. Der lange Stiel der Pfanne deutete auf das unbeliebteste Mitglied der Tafelrunde, das von seinem Platz aus nur mühsam den Pfanneninhalt erreichen konnte.

Mehl, das ohne vorheriges Anrösten der Körner gemahlen wurde, nannte man Weiß- oder Schönmehl. Brei aus diesem Mehl wurde nur für Kinder und Kranke zubereitet. Je nach bevorzugter Getreideart wurden die nahrhaften Breisuppen aus Dinkel oder Hafer, aus Welschkorn (Mais) oder aus Hirse hergestellt. »Habermark macht d' Bube stark« wird in diesem Zusammenhang oft zitiert und man denkt dabei an eine Art Haferflockenbrei. Doch mit dem Habermark ist der Wiesenbocksbart gemeint, ein Korbblütler, der auf Frühlingswiesen wächst und auch Milchling oder Himmelbrot genannt wird. Er war das Brot für Arme, die das Habermark von der Wiese pflückten und aus der Hand aßen. Es gibt auch eine Gartenausgabe dieser Wildpflanze, die Haferwurzel heißt und der Schwarzwurzel ähnlich ist.

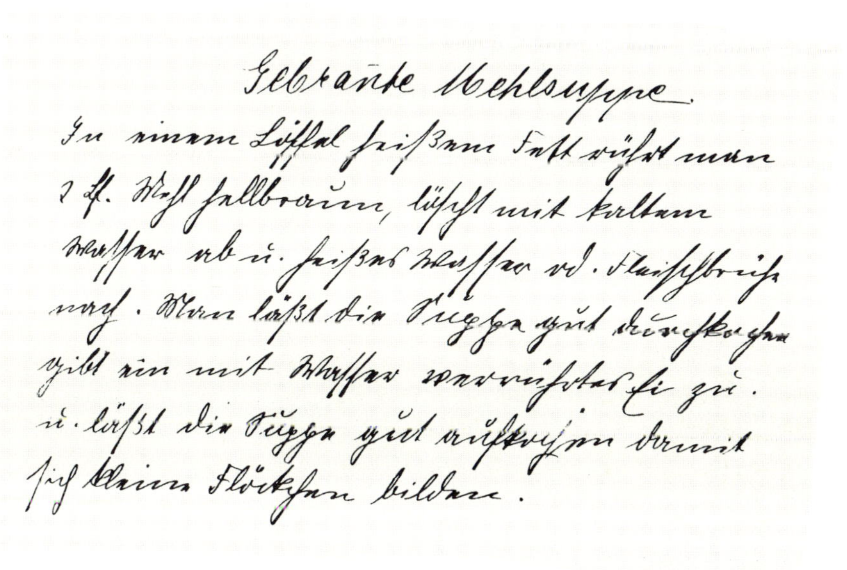
Gebrante Mehlsuppe.
In einem Löffel heißem Fett röstet man 2 Eßl. Mehl hellbraun, löscht mit kaltem Wasser ab u. heißes Wasser od. Fleischbrühe nach. Man läßt die Suppe gut durchkochen gibt ein mit Wasser verrührtes Ei zu. u. läßt die Suppe gut aufkochen damit sich kleine Flöckchen bilden.

Von Tauf- und Hochzeitssuppen

Das Wort Suppe hat nicht immer die Bedeutung von Fleisch- oder Gemüsebrühe mit oder ohne Einlage. Es kann auch als Synonym für eine Mahlzeit, ja sogar für ein Festmahl verwendet werden. Die Taufsuppe, die stattfand, wenn sich die Wöchnerin erholt hatte, fiel früher oft so üppig aus, daß sich die Obrigkeit zum Eingreifen genötigt sah. Ein Zitat aus dem Oberamt Backnang aus dem Jahr 1871 beschreibt sie so: »Die Unbemittelten begnügen sich mit Kaffee, Kuchen, Wein und Käse. Bei den Wohlhabenden aber wird eine förmliche Mahlzeit veranstaltet, bei der so reichlich aufgetragen wird, daß dem Gast sofort zwei Teller vorgesetzt werden. Auf dem einen verspeist er so viel als möglich, auf dem anderen türmt er ganze Schichten, besonders von Fleischstücken, aufeinander, die er alsdann nach Hause der Familie bringt.«

Die württembergische Landesordnung von 1515 untersagte solcherlei Gelage und schrieb daher vor: »Item niemand soll mer touffsuppen oder kindbetmahle geben by gebot zwaier guldin, außgenommen die personen so by der geberung des kinds entgegen werden und den gevatterigen, so das kind vom tauff gehebt hond.«

Doch nicht allein für die Gevattern und die engere Familie waren die Tauffeiern gedacht, man bedankte sich damit für die Nachbarschaftshilfe, die in früheren Zeiten lebensnotwendig war. Besuche am Kindbett dienten vor allem dazu, die Wöchnerin zu versorgen. Man brachte ihr eine kräftigen-

de Suppe, also eine gute Fleischbrühe oder eine Weinsuppe, häufig gab es dafür eine eigene Kindbettschüssel aus Porzellan. In manchen Teilen des Landes gab es für die Versorgung der Wöchnerinnen eine geregelte Tradition, so mußten beispielsweise in Tailfingen die Dote (Patin) und die Dotebäsle (die Frauen der Paten) zehnmal ein Essen bringen.

Eine andere Verordnung reglementierte die Hochzeitsfeiern. Nicht mehr als vier Gänge sollten die Untertanen sich leisten – sicher ein Grund, warum schwäbische Hochzeitssuppen so reichhaltig sind. Neben Mark- und Grießklößchen findet man Flädle, Backerbsen und Leberknöpfle in der kräftigen Brühe. Darben mußte man bei Hochzeitsfeiern also nicht. Von oberschwäbischen Hochzeiten wird gesagt, daß sie selten nach zwei Tagen zu Ende waren. Allerdings hat man – nach entsprechenden Vorschriften – den Brauch eingeführt, daß die nicht zum engeren Familien- und Freundeskreis gehörenden Gäste sich an den Kosten des Hochzeitsmahles beteiligten. So verstand es sich von selbst, daß man nicht nur nach Herzenslust aß und trank, sondern auch einschob, soviel man eben tragen konnte.

Karl Bohnenberger schreibt in »Hochzeit auf der Uracher Alb«: »Der Hochzeitstag beginnt zumeist um ½10 Uhr mit der Morgensuppe, heute meist Brot und Wein oder Bier, jetzt allenthalben im Wirtshaus abgehalten, aber von den Brauteltern bezahlt.« Auch von einer festgelegten Speisefolge für das Festessen nach der Kirche ist die Rede: »Nudelsuppe, Rindfleisch mit Roten Rüben und Senf, Rauchfleisch, Blutwurst und Sauerkraut. Vom Rest der Speisen wird oft den Armen und Kranken gebracht.«

Links: Taufvisite im evangelischen Pfarrhaus. Gemälde von J. B. Pflug (1828)

Rechts: Schwäbische Flädlessuppe

Suppenklöß und Knöpfle

Knöpfle, also kleinere Klöße oder Knödel sind hierzulande weit häufiger anzutreffen als richtige Klöße. All die Grieß-, Leber-, Quark- und Markklößle sind eben als Suppeneinlage gedacht. Welschkornknöpfle (Maisknöpfle) sind heute fast aus der Erinnerung getilgt. Sie waren eine Art schwäbische Polenta. Weckknöpfle, die ein bißchen größer geraten sind und schon fast Knödel heißen könnten, kennt man in der Aalener Gegend als Großknöpfle. In Scheiben geschnitten und gebraten (vielleicht sogar mit Ei) sind sie besonders delikat.

Riebelessuppe ist nicht nur eine Brühe mit Einlagen aus Teig, sondern auch ein Ausdruck, der früher von Kindern verwendet wurde, wenn es um das Abbremsen des Rodelschlittens in gefährlichen Situationen ging. Man lenkte den Schlitten oft mit dem Schlittschuh. Gefährlichen Situationen versuchte man durch Herumreißen des Gefährts in letzter Sekunde zu begegnen. Dabei drehte sich der Schlitten auf der Stelle und hinterließ im Schnee Spuren, die wohl entfernt an eine solche Suppeneinlage erinnerten. Eine richtige Riebelessupp entsteht aus einem harten Nudelteig, den man entweder mit der Hand zerkrümelt, was zu ziemlichen »Bollen« führt. Wer eine feinere Einlage möchte, reibt den Teig am Reibeisen ab und hat dann nur kleine Teigklümpchen in der Suppe.

Nudel-, Hirn- und Sagosuppe

»Nudelsupp, so dick, daß d'Katz druf schlofe kann« ist für manche das höchste der Suppengefühle. Die Nüdele stellte man in bäuerlichen Haushalten selbst her, sie kamen jedoch nur sonntags auf den Tisch. Nur dann war die Suppe aus Fleisch oder zumindest Fleischknochen gekocht, für den Werktag tat's oft eine Gemüsebrühe.

Hirnsuppe war eine beliebte Speise für Kranke und Genesende. Für zartere Gemüter gab es auch eine falsche Hirnsuppe, die auf der Basis von Hackfleisch hergestellt wurde.

Sagosuppe gab es früher häufig. Die winzigen, durchsichtigen Körnchen, die aus dem Mark stärkehaltiger Pflanzen gewonnen werden, dienten als Suppeneinlage und zur Zubereitung von Pudding und Grütze. Der deutsche Sago wurde früher aus Kartoffelstärke hergestellt und ist nicht so gut wie der echte, der aus dem Mark der Sagopalme stammt. Die Körnchen entstehen übrigens wie beim Knöpflemachen. Man drückt den Stärketeig durch ein Sieb oder eine gelochte Metallpfanne in kochendes Wasser. Kinder nannten die aus »Chinesenkörnern« hergestellte Suppe manchmal Froschlaichsuppe, was allgemein ziemlich appetithemmend wirkte.

Grünkern – ein Hungergetreide

Die Bauländer Grünkernsuppe mit ihrer Einlage aus den herzhaft-kräftigen Körnern ist wieder modern geworden. Von Vollkorn-Kennern wurde ihr hoher Gehalt an Eiweiß und Mineralstoffen wiederentdeckt. Im Rezeptbuch des badischen Hofkochs Joseph Willet aus der Mitte des vorigen Jahrhunderts wird ein »Puree von grünen Kernen« gelobt, das man auf Röstbrot servierte. Heute bekommt man Grünkern, zu Schrot, Grieß oder Mehl vermahlen, wieder zu kaufen. Weit über den süddeutschen Raum hinaus bekannt wurde das Grünkernmehl durch die »Heilbronner Suppentafeln«, die Vorgänger der heutigen »Päcklessupp«.

Der Grünkern wurde im Bauland, zwischen Odenwald und Taubergrund gelegen, aus der Not heraus »erfunden«. Als in einem völlig verregneten Sommer der Dinkel nicht reif wurde, hat man, um eine Hungersnot abzuwenden, die Ähren im Backofen gedörrt, dann ausgedroschen und geschält. Bei diesem Verfahren kann man nur ein Zehntel von dem gewinnen, was man bei völliger Ausreifung des Korn erzielt hätte. Alte Rezeptbücher nennen Grünkern daher auch das »sehr theure Gelbkorn«.

Dinkel, auch Spelt oder Spelz genannt, war wahrscheinlich das älteste Getreide der Römer. Nach den mit »Far« bezeichneten Körnern wird alles Mehl »Farina« genannt. Der Dinkel kam im ersten Jahrhundert in die

Hirse, Hafer und drei verschiedene Sorten Dinkel, der auch Schwabenkorn genannt wird

Schweiz und nach Süddeutschland, er liefert das feinste Weißmehl, ist heute aber fast völlig von unseren Feldern verschwunden.

Der Dinkel-Spelz war bis zu Beginn des Jahrhunderts ein gesuchter Rohstoff. Man füllte damit die Spreuersäckle, die als durchlässige Matratze in jedes Kinderbett kamen. Auch zum Mischen mit Lehm war der Spelz besonders geeignet – man füllte mit dieser Masse Wände und Böden der Fachwerkhäuser.

Von der Zwiebelsupp

Allzu deftige Genüsse mögen viele Schwaben nicht. Eine angeborene Scheu vor Knoblauch, rohen Zwiebeln und anderen Gewürzen mit Nachwirkungen zeichnet viele Landsleute aus. Selbst gekochte oder gedämpfte Zwiebeln sind manchen suspekt. So gibt es in heiklen Familien sogar Zwiebelkuchen ohne Zwiebeln – er sieht aus wie ein normaler Zwiebelkuchen – schmeckt nur etwas fader, weil er bloß aus Guß besteht. Auch beim Würzen sind viele Köchinnen und Köche etwas schüchtern. Mehr als Salz und Pfeffer kommt nicht in die Schüssel. Kein Wunder, daß ein Süppchen aus Zwiebeln nicht zu den Hauptnahrungsmitteln zählte. Wie man einen solchen verpönten Genuß zur Leibspeise »umfunktionieren« kann, erzählt das folgende Gedicht von G. Seuffer:

A Weible hat em Pfarrer beichtet,
Daß se so arg, arg schleckig sei;
No' bei'm a guata Pfannakuacha,
Do sei se auf d'r Stell d'rbei.

»Und wia ischt's mit de Zwiebelsuppa?« –
»Herr Pfarr'r, lant me' mit dene aus!
Dia ka'-n-e' vollends gar net leida,
Und miar kommt koina in mei' Haus!«

»So, so?« hat d'rauf der Pfarr'r entschieda,
»Do wird mei' Buaß Ui' freile' leicht;
Se hoißt: Koi Zwiebelsupp' net 'esset
Von huit a' bis zuar nächschta Beicht!«

»I' dank für d'gnädig' Strof, Herr Pfarrer!«
Hat's Weible g'sait, »i' dank recht schöa!«
Und acht Tag d'rauf sind d'Zwiebelsuppa
As Weible's Liablingsessa g'wea!

Brennte Grießsuppe

50 g Fett *100 g Grieß*	*Das Fett erhitzen, Grieß zugeben und hellgelb rösten.*
Wasser *Salz, Pfeffer, Muskat*	*Mit Wasser ablöschen und etwa 30 Minuten leise köcheln lassen, würzen.*
1 Eigelb *2 EL Sahne* *Petersilie*	*Eigelb und Sahne hineinrühren und kurz vor dem Auftragen mit gehackter Petersilie bestreuen.*

Markklößlessuppe

40 g Rindermark *Milch*	*Das Rindermark aus dem Knochen schaben, wässern und in wenig Milch kochen, bis es klar ist.*
10 g Butter	*Das Mark durch ein Sieb streichen, Butter dazugeben und schaumig rühren.*
2 kleine Eier *60 g Weckmehl*	*Dann die ganzen Eier und das Weckmehl zugeben.*
Salz, Muskat	*Würzen und einige Zeit zum Quellen stehenlassen.*
Fleischbrühe *gehackte grüne Kräuter*	*Aus der Markmasse formt man kleine runde Kugeln und gibt sie in die kochende Brühe. In etwa 5 Minuten garziehen lassen. Mit grünen Kräutern bestreut servieren.*

Grünkernsuppe

80 g Grünkern (ganzes Korn) *1 kleine Zwiebel* *50 g Butter*	*Die Grünkernkörner waschen, verlesen, auf einem Sieb abtropfen lassen. Zwiebel in kleine Würfel schneiden, in Butter zusammen mit den Körnern anschwitzen.*
Fleischbrühe	*Mit Brühe ablöschen und gut eine Stunde kochen lassen. Dann über ein Sieb abgießen, dabei die Körner etwas zerdrücken.*
1 Eigelb *1 Tasse süßer Rahm*	*Die Körner wieder an die Brühe geben, mit Eigelb und Rahm verfeinern. Nicht mehr kochen lassen.*

Als weitere Einlage kann man Markklößchen dazugeben. Vor dem Servieren mit gehackter Petersilie bestreuen.

Hirnsuppe

100 g Kalbshirn	*Das Hirn wässern, häuten, säubern, indem eventuell vorhandene Gerinnsel entfernt werden, dann in lauwarmes Wasser legen.*
60 g Butter *80 g Mehl* *1 Zwiebel* *Fleisch- oder Knochenbrühe*	*Das Mehl und die kleingehackte Zwiebel in Butter hell anrösten, mit Brühe ablöschen.*
1 Eigelb *2 EL Rahm* *Salz, Muskat* *Petersilie*	*Die Suppe etwa 20 Minuten kochen lassen, zum Schluß das in Stücke geschnittene Hirn dazugeben und einige Minuten mitkochen. Die Suppe würzen, vor dem Anrichten mit einem Ei binden, mit Rahm verquirlen und mit gehackter Petersilie bestreuen.*

Nach Belieben können außerdem noch geröstete Weißbrotwürfel an die Suppe gegeben werden. Soll die Hirnsuppe als Krankenspeise dienen, verzichtet man auf die Gewürze.

Kartoffeln

Wie die
Grombire nach Württemberg
und die Gaisburger
zu ihrem Marsch kamen

Der 22. April 1701 ist ein historisches Datum, das nur wenige kennen. An diesem denkwürdigen Frühlingstag pflanzte der Waldenserpfarrer Henri Arnaud die erste Kartoffel auf württembergischem Boden. In der Nähe dieses ersten Kartoffelackers findet man heute ein Sandsteinmonument, das an den Führer der etwa 3000 Waldenser erinnert, die 1699 in Württemberg siedeln durften. Sie gründeten Orte wie Pinache und Perouse, Serres, Corres, Groß- und Kleinvillars und Neuhengstett. Nach einem langen Marsch hatte Arnaud seine Schäfchen, die aus Piemont und Savoyen vertrieben wurden, ins Land Eberhard Ludwigs bringen können. Die Welschen, wie sie von ihren Nachbarn genannt wurden, brachten nicht nur eine fremde Sprache und merkwürdig anmutende Gebräuche ins Ländle, sondern auch die segensreiche Knolle, die in den folgenden Jahren manche Hungersnot lindern konnte.

In einem Brief aus dieser Zeit liest sich das so: »Am 22. April 1701 gegen Abend kam Seignoret von Luzerne in Piemont mit 200 Kartoffeln, die er dem Pfarrer, Moderator und Oberst der Waldenser, Henry Arnaud, nach Muriers-Schönenberg brachte. Sie wurden gepflanzt und angebaut durch ihn selbst in seinem Garten. Im Herbst des gleichen Jahres erntete er über 2000 Stück in drei verschiedenen Sorten und Farben.« Von diesen 2000 Ur-Knollen wurden je 100 Stück an die verschiedenen Waldenserkolonien in Württemberg und Baden geschickt. Bis zum Jahr 1710 war der Anbau dieser Früchte, die die Waldenser pattates oder triffula nannten, etwas Verbotenes.

Die »Armen aus Lyon« wie man die protestantischen Glaubensflüchtlinge auch nannte, hatten für ihre neue Heimat zunächst andere Pläne. Arnaud hatte vor, das zugewiesene Land mit Maulbeerbäumen zu bepflanzen und eine großangelegte Seidenraupenzucht zu beginnen – daher auch der alte Name Mûriers (Maulbeerbaum) für Schönenberg, ein kleines Dorf im Enzkreis. Doch das Klima machte ihnen einen Strich durch die Rechnung. So blieb Arnaud nur das Verdienst, die Äbbire, Grombire oder Erdöpfl hier heimisch gemacht zu haben.

Die nahrhafte Knolle kam schon in der ersten Hälfte des 16. Jahrhunderts aus den Anden über Spanien nach Südeuropa. Sir Walter Raleigh brachte sie dann nach Irland, wo man zum ersten Mal in Europa Kartoffeln auf Feldern anbaute. In den botanischen Gärten vieler europäischer Fürsten führte der

Henri Arnaud

Erdapfel zunächst ein Schattendasein. Man schätze ihn wegen seiner Blüten und seiner grünen, später kirschroten Beeren. Über 100 Jahre lang blieben die verborgenen Qualitäten des Nachtschattengewächses bei uns unentdeckt, während das darbende Volk versuchte, seinen Hunger mit Eicheln und Brennesseln zu stillen.

Erst durch allerhöchsten Befehl des Preußenkönigs Friedrich II. wurde ab 1763 in Schlesien und Pommern das »Hungergemüse« systematisch angebaut und aufgrund von Züchtungen verbessert. Die Nachbarn der waldensischen Glaubensflüchtlinge hatten den »Saufraß« wohl schon einige Jahre vor Eintreffen der »Welschen« kennengelernt, sie blieben allerdings skeptisch. Manche von ihnen aßen gar die oberirdischen, leicht giftigen Kartoffelbeeren und bekamen Magenbeschwerden. So lastete man den ohnehin nicht beliebten Neusiedlern – man mußte ihnen Land, Vieh und Bauholz abtreten – den Verdacht an, sie wollten ihre Umgebung vergiften.

»Arnaud pflanzte in Schwaben die ersten Kartoffeln«, heißt es auf der Metalltafel an der Toreinfahrt zu Arnauds idyllischem Fachwerkhof, der heute das Waldensermuseum beherbergt. »Welchen Segen schuf so friedlich der treffliche Held.«

Gaisburger Marsch

Ebenso wie sich die Spätzle allmählich zu den Kartoffeln gesellten, so gewöhnten sich auch die Spätzlesschwaben an ihre neuen Nachbarn – und umgekehrt. Mit der Einführung der deutschen Sprache in Kirche und Schule erfolgte 1823 die völlige Eingliederung der Waldenser. Nur Namen wie Belon, Jourdan, Combé, Talmon-Gros erinnern noch an den opferreichen Gang der waldensischen Vorfahren. Und manche französischen Worte und Redewendungen sind bis heute, zumindest bei den älteren Leuten, lebendig geblieben: Waschlafor (von lavoire) für Waschschüssel, Plafo für die Zimmerdecke, Schäslo (Chaise longue) für Sofa sind nur ein paar wenige Beispiele der noch erhaltenen Wörter.

Grombire, Äbbire und Erdöpfl, so merkwürdig sie auch klingen mögen, sind keine Fremd- oder Lehnwörter, sondern urschwäbische Bezeichnungen für Kartoffeln. Je nachdem, wie ein Landsmann die nahrhafte Knolle nennt, kann man erkennen, wo er aufgewachsen ist: Äbbire sagt man am Necker, Grombire im Schwarzwald und auf der Alb, im Oberland heißen sie Erdöpfl oder so ähnlich.

»Grombire g'höret en da Keller«, meinen zwar heute noch viele Landsleute und manche geplagte Ehefrau klagt auch heute noch: »Dr Mei frißt Äbbire bloß als Salat.« Doch das Nationalgericht, der »Gaisburger Marsch« ist eines der besten Beispiele für die Fähigkeit zur friedlichen Koexistenz.

Dieser Eintopf, bei dem Kartoffelschnitz' und Spätzle (in diesem Zusammenhang auch Spatzen genannt) zusammen mit einem Stück Ochsenfleisch in der Brühe schwimmen, hat Wendelin Überzwerch zu folgendem Gedicht inspiriert:

»Du Bappa, was ischt des: ›Koexistenz‹?«
Frogt's Fritzle beim Mittagessa
»ischt des ebbas Wüascht's?« –
Dr Vatter hot glacht, isch bhäb neba's Fritzle nag'sessa, ond sait:
»I will drs erklära, Bua:
Siehscht do en dr Schüssel dren schwemma Kartoffla ond Spätzla –
dia passet soscht et für ons Schwoba bsonders guat zemma!
Ond oinaweg: so als Gaisburger Marsch
dent se sich ganz nett vertrage –
Guck: des ischt a echte Koexistenz,
en dr Schüssel ond nochher em Maga!«

Gaisburger Marsch

Thaddäus Troll hat in seinem Buch »Preisend mit viel schönen Reden« das Geheimnis um die Entstehung des Namens »Gaisburger Marsch« gelüftet. »Vor dem Ersten Weltkrieg hatten die Einjährigen, die mindestens sechs Klassen einer höheren Schule besucht haben mußten, damit automatisch Offiziersanwärter waren und statt zwei nur ein Jahr zu dienen hatten, in der Kaserne gewisse Vorrechte. So brauchten sie nicht in der Kantine zu essen, sondern durften in eine Wirtschaft gehen. Die Einjährigen in der Stuttgarter Bergkaserne bevorzugten die Küche der Bäckerschmiede in Gaisburg, deren Spezialität dieser Eintopf war. Vor dem Essen formierten sie sich zum Gaisburger Marsch, eine Bezeichnung, die später auf ihr Lieblingsgericht übertragen worden ist.«

Doch nicht allein des Essens wegen haben sich die Soldaten der Berger Kaserne auf den Marsch ins nahegelegene Gaisburg begeben. Man nimmt an, daß man mit dem Marsch zuerst seine kleinen Abenteuer umschrieben hat, die mit dem Ausflug verbunden waren. Erst später ging der Name auf das Essen über, doch das ist ja nicht weiter verwunderlich, wenn man bedenkt, daß Liebe durch den Magen geht.

Bubespitzle und Schneiderfleck

Daß nicht nur Spätzle und Kartoffeln einträchtig beeinander liegen, sondern auch eine enge Verbindung eingehen können, zeigen die Nudeln aus Kartoffeln. Kartoffelnudeln oder Nudeln aus Kartoffelteig gehören zu den Leibgerichten der Schwaben im Ober- und Unterland. Diese ungewöhnlichen Nudeln heißen auch Bauchstecher, weil Carl Spitzweg dieses Rezept einmal folgendermaßen illustriert hat: Zwei mit Degen bewehrte Duellanten, von denen der eine dem anderen in den Bauch sticht.

Die andere, vielleicht noch bekanntere Bezeichnung für die kaum fingerdicken, blassen Wargelnudeln heißt Bubespitzle. Und wie vom lebenden Vorbild gibt es auch von diesen Nudeln zahlreiche Variationen. Allen gemeinsam ist der mit Muskat oder Kräutern gewürzte Teig aus gekochten Kartoffeln vom Vortag. Will man diese Schupfnudeln nackt, läßt man sie in Salzwasser garziehen. Die in Fett ausgebackene Version kann man entweder als Beilage, mit Salat als Hauptgericht oder zu Kompott reichen. Und für die Wiesensteiger Bubenspitzle wird der Teig mit Wurststückchen – rote Wurst oder geräucherte Schinkenwurst – angereichert, danach kommen sie in eine Soße.

Auch der Aalener Schneiderfleck wird in manchen Kochbüchern mit Kartoffelteig verfertigt. Das Geheimnis dieses Schneiderflecks, den man zuweilen auch aus Hefeteig hergestellt findet, ist seine Unregelmäßigkeit. Man wellt den Grundstoff aus – egal ob Hefe-, Nudel- oder Kartoffelteig – und zerreißt ihn in verschieden große Fladen. Dann bestreicht man die Flecke mit Fett, Milch oder Sahne und schichtet sie kreuz und quer in eine Kachel. Mit der Bezeichnung Schneiderfleck wollte man wohl dem ehrsamen Meister Schneider am Zeug flicken, dem man nachsagte, daß er von jedem Stück Stoff, das er in die Hand bekam, seinen Flicken zurückbehielt. Sein Motto war:

Do a Blätzle, dort a Fleckle,
geit scho wieder a Kenderjäckle

Viele Schwaben essen Kartoffeln am liebsten als Salat

Schupfnudeln auf Kraut

Vielleicht ist der Name auch ein Hinweis auf den sprichwörtlichen Appetit, den die Schneider dann entwickelt haben sollen, wenn sie auf der Stör waren, also als Wanderhandwerk von Gehöft zu Gehöft gingen um die dort anfallenden Ausbesserungsarbeiten und Neuanfertigungen vorzunehmen.

Kartoffeln als Salat, in der Suppe und der Pfanne

Salate aus Kartoffeln sind eine weitere Möglichkeit, die Knolle zusammen mit Nudeln oder Spätzle auf den Tisch zu bringen. Das schwäbische Sonntagsessen, bestehend aus hausgemachten breiten Nudeln, Braten und Kartoffelsalat, ist auch heute noch in vielen Familien zu finden.

Der Kartoffelsalat wird in jedem Landesteil anders zubereitet. Es gibt ihn warm oder kalt, mit Specksoße, Essig und Öl, mit Senf und Fleischbrühe angemacht. Leider spielt oft eine in kleinen braunen Flaschen erhältliche Speisewürze eine etwas unrühmliche Rolle, wenn es um das Abschmecken der Marinade geht. Manche schwäbische Mutter vermischt den Kartoffelsalat mit Gurkenscheiben oder mit Ackersalat, um die Familie auf diese heimtückische Weise zum Essen von Grünzeug zu zwingen.

Badische Hausfrauen kennen den Kartoffelsalat und die Schupfnüdeli natürlich auch. Doch bei ihnen stehen nahrhafte Kartoffelsuppen, zum

Beispiel die Schwarzwälder Kartoffelsupp' mit Kracherle (gerösteten Schwarzbrotwürfeln) höher im Kurs. Am meisten Lob verdienen die brägelti Erdöpfeli, die oberbadische Ausgabe der Rösti sowie die aus Kartoffelbrei – auch Grumbirestock genannt – hergestellten Bällchen und Kroketten. Auch die eher badischen Bouillonkartoffeln (zur Ochsenbrust gereicht gehören sie angeblich zum Leibgericht des derzeitigen Landesfürsten Lothar Späth) lassen die Herzen vieler Kartoffelliebhaber höher schlagen.

Ein in weiten Teilen des Landes bekanntes Rezept sind die Niedernauer Kartoffeln, eine besonders feine Art der Brägele (Bratkartoffeln). Über das Städtchen Niedernau im Kreis Tübingen, als Heilbad bekannt, gibt es ein Gedicht von Gustav Pfitzer, das so beginnt:

Im engbegrenzten Talesraume
Gekrönt von dunkler Tannen Pracht:
Welch' Leben, plötzlich wie im Traume,
Und welche Lust ist hier erwacht.

Es ist keine Hymne an die Bratkartoffel, aber ein Lied auf die Gastfreundschaft, die der Verfasser, Professor und Mitglied des württembergischen Landtages, dort wohl in besonders erfreulicher Form erlebt haben muß!

Von den kleinen Kartoffeln

Doch nicht nur die leckermäuligen Schwaben haben im Laufe der Zeit die Vorzüge der einst verschmähten Kartoffel kennengelernt. Auch die Wildschweine – die nach damaligem Recht dem Fürsten gehörten – hatten schon bald die auf den Feldern neu ausgepflanzte Abwechslung bemerkt. »Höchstdero Wildsäue haben meine alleruntertänigsten Kartoffeln gefressen«, hat ein Pfarrer an Herzog Carl Eugen geschrieben und um Ersatz für den Wildschaden gebeten haben. Und wenn sie nicht stimmen sollte, die kleine Anekdote, dann ist sie doch sehr brauchbar zur Beleuchtung des Verhältnisses zwischen Schwabe und Obrigkeit.

Wahr ist bestimmt, daß so mancher schwäbische Landmann nach einer vorbildlich ausgefallenen Kartoffelernte klagt: »Die große send scho recht, aber die kleine für d'Säu fehlet!« Nicht überall bekannt ist, daß man im Schwäbischen die Kartoffel gern »in der Montur« auftischt, also als Pellkartoffel respektive Kartoffel in der Schal'. Das hat schon zu merkwürdigen Mutmaßungen über die Natur der Schwaben Anlaß gegeben. So hat ein Bremer Student, erst kurze Zeit als Logierherr in einer Stuttgarter Familie, in seinem ersten Brief nach Hause bemerkt: »Die Schwaben sind schmutzige Leute, sie kochen die Kartoffeln in der Pelle.«

Geriebener Kartoffelsalat

500 g gekochte mehlige Kartoffeln vom Vortag	*Man schält die Kartoffeln und reibt sie fein, doch sie dürfen nicht an Kartoffelbrei erinnern, die Struktur sollte noch erhalten bleiben.*
1 kleine Zwiebel *100 g durchwachsener Speck*	*Zwiebeln fein würfeln oder reiben, Speck in winzige Würfel schneiden, dann in einer leicht ausgefetteten Pfanne auslassen, bis er glasig ist.*
Essig	*Pfanne vom Feuer nehmen, Essig zugeben und über die geriebene Kartoffelmasse geben, nur vorsichtig mischen, damit der Kartoffelsalat nicht matschig wird.*
Salz *Pfeffer* *Öl* *Essig* *etwas Fleischbrühe* *Petersilie zum Garnieren*	*Salzen, pfeffern und mit Öl und bei Bedarf noch etwas Essig und Fleischbrühe abschmecken. Mindestens eine Stunde im Kühlschrank gut durchziehen lassen, mit Petersilie garniert servieren.*

Eine besonders pikante Note bekommt der Kartoffelsalat, wenn man ihm eine Handvoll der nussig-gurkenartig schmeckenden Pimpinelle zugibt, die man heute wieder auf den Märkten findet.
Diese Abart des Kartoffelsalats ist eine Köstlichkeit, die aus den schwäbischen Wirtschaften schon ganz verschwunden ist und nur selten in Haushalten zubereitet wird.

Gaisburger Marsch

220 g Suppenknochen 1 TL Salz 1 TL gekörnte Brühe 10 Pfefferkörner 1 kleine Zwiebel 1 gelbe Rübe 1 Stück Sellerie 1 Bund Petersilie 1 kleine Lauchstange 600 g Ochsenwade	Die Suppenknochen mit Salz, gekörnter Brühe, Pfeffer, der geschälten und kleingeschnittenen Zwiebel und dem geputztem Suppengemüse in 1½ l kaltes Wasser geben und zum Kochen bringen. Sobald das Wasser sprudelt das Ochsenfleisch zugeben und etwa 2 Stunden kochen lassen.
Spätzle aus 300 g Mehl 2 Eiern, Salz und Wasser	In der Zwischenzeit Spätzle nach Grundrezept zubereiten (s. Seite 78)
750 g Kartoffeln	Aus den Kartoffeln Salzkartoffeln bereiten und sie zusammen mit den Spätzle und dem in Würfel geschnittenen Fleisch in der Brühe servieren.
1 kleine Zwiebel in feine Ringe geschnitten 2 EL Butter	Um das Gericht abzurunden wird das Ganze geschmälzt, man gibt dazu in Butter angebräunte Zwiebelringe kurz vor dem Servieren in die Suppenschüssel.

Natürlich gibt es fast so viele Variationen des Gaisburger Marschs, wie es Köchinnen oder Köche gibt, die diese herrliche »Suppe« zubereiten. Die wichtigsten Unterschiede sind: Im nördlichen Schwarzwald beispielsweise bereitet man eine »vegetarische Brühe« nur aus Suppengrün zu und reicht im höchsten Falle ein Stück Hausmacher Leberwurst dazu. In vielen Neckartäler Familien werden die Spatzen nicht in Salzwasser gargekocht, sondern in die bereits mit Kartoffelschnitz versehene Brühe eingelegt. Genauso ist es üblich, die Kartoffeln in der Fleischbrühe zu kochen, statt sie separat in Salzwasser zu garen.

Schupfnudeln

500 g gekochte Kartoffeln vom Vortag	*Die Kartoffeln werden geschält, dann durch eine Presse gedrückt oder fein gerieben.*
2 Eier *4 EL Mehl* *Salz* *Muskat*	*Dann vermischt man die Kartoffelmasse mit Mehl, Eiern und Salz und schmeckt mit einem Hauch frisch geriebener oder gemahlener Muskatnuß ab.* *Aus dem Teig formt man eine Rolle, schneidet mit einem Messer Rädchen ab und rollt diese zu ungefähr fingerdicken und daumenlangen Röllchen*.*
2–3 l kochendes Salzwasser	*Man gibt sie in reichlich kochendes Salzwasser und siedet sie darin etwa 5 Minuten lang. Wer sicher sein will, daß die Bubespitzle nicht zerfallen, macht eine Probenudel und kocht erst einmal diese. Ist sie zu weich, gibt man noch etwas Mehl oder Stärkemehl mit Ei verquirlt dazu.*

Die abgetropften, nackten Schupfnudeln kann man mit etwas Butter und Weckmehl schmälzen und zu Kraut oder zu Fleischgerichten mit viel Soße reichen. Gebackene Schupfnudeln werden in heißem Fett in der Pfanne oder neuerdings auch in der Friteuse gebacken. Man reicht sie als Beilage zu den gleichen Gelegenheiten wie die nackten Schupfnudeln oder zu Salaten als vegetarisches Hauptgericht und zu eingemachtem Obst und Kompott.

Im Allgäu bereitet man Schupfnudeln auch ohne Kartoffeln nur aus Mehl und Eiern zu, läßt sie nur kurz aufkochen und röstet sie dann in Fett. Nackt oder geröstet gehören sie in manchen Gegenden wie die Flädle zu Spargelgerichten mit weißer Soße.

* *im Schwäbischen Wargele genannt. Diesen Vorgang des Formens nennt man auch schupfen – schon ist der Begriff Schupfnudel erklärt.*

Riedernauer Kartoffeln

1 kg Kartoffeln	*Die Kartoffeln kochen, noch heiß schälen und in Würfeln schneiden.*
50 g Butter, Zwiebeln Petersilie	*Im zerlassenen Fett wird dann die gewürfelte Zwiebel und die feingehackte Petersilie gedämpft. Eine kurze Weile läßt man die Kartoffeln mitdämpfen, würzt sie*
Salz, 1 Ei, 1 Tasse Rahm	*mit Salz und gibt den mit dem Ei vermischten Rahm gleichmäßig darüber. Die Masse soll nur stocken, nicht aber trocken werden.*

Als Beilage reicht man diese besonderen Bratkartoffeln zu Braten und Gemüse. Manche Rezepte schreiben noch etwa 100 g Fleischwurst vor, andere Hausfrauen würzen noch mit etwas Kümmel oder Majoran.

Kartoffelsupp mit Kracherle

2 Zwiebeln Petersilie 2 EL Butter	*Zwiebeln fein würfeln, Petersilie hacken und in der Butter andünsten.*
1½ l Fleischbrühe	*Mit der Fleischbrühe ablöschen.*
600 g Kartoffeln 4 gelbe Rüben	*Kartoffeln und gelbe Rüben in feine Würfel schneiden, in die Brühe geben und weich dünsten.*
150 g grobe Leberwurst Salz Majoran	*Sobald das Gemüse und die Kartoffeln gar sind, die Leberwurst zerkleinern, unterrühren und mit Salz und Majoran abschmecken.*
etwas Butter 4 Scheiben Bauernbrot evtl. etwas Safranpulver	*Das Brot in kleine Würfel schneiden und in wenig Butter knusprig braun braten. Wer es mag, kann die Brotwürfel mit wenig Safran bestreuen und kurz vor dem Servieren in die Suppe geben.*

Spätzle

Von handgeschabten
und anderen Spätzle,
von Knöpfle
und von Briegele

Das »s« beim Spätzlesschwob könnte in die Irre führen. Es ist kein s, das den Plural anzeigt, sondern ein Genetiv-s. Die Mehrzahl von Spätzle, die es in der Vereinzelung eigentlich gar nicht gibt, ist Spätzle. Dies wird aber mit einem dunklen a gesprochen. Der Kosename Spätzle, der vor allem für weibliche Schwaben angewandt wird, ist eher an dem Vogel orientiert als an einer gotzigen (einzigen) Nudel.

Die Spätzle in der Schüssel haben mit den Spatzen auf dem Dach nicht viel gemeinsam. Mag sein, daß man die Teigstreifen in der Frühzeit eher wie Klößchen mit einem Löffel eingelegt hatte, so daß sie – wie die heißgeliebten Leberspatzen – durch ihr kugeliges Aussehen dem Allerweltsvogel ähnlich waren. Die Leberspatzen, mitunter auch Leberspätzle genannt, werden in den seltensten Fällen vom Brett geschabt. Man legt sie wie Klößchen mit Teelöffeln oder auch mit Eßlöffeln ein – und serviert sie in einer herzhaften Brühe oder wie die bayerischen Leberknödel zu Sauerkraut.

Als jedoch die Einlegmethoden raffinierter und die Nudeln schlanker wurden, nannte man sie Spätzle und dabei ist es bis zum heutigen Tag geblieben. Die dicken Spätzle, die sich bei der Brett-Schabe-Methode einfach hin und wieder einschleichen, heißen in den Familien unterschiedlich. Die einen nennen sie Adler, die anderen Großväter. Doch auch diese dickeren Spätzle finden ihre Abnehmer. Bei großen Familienfesten oder in Wirtschaften hat man früher häufig zum Spätzleschaben zwei Hausfrauen angestellt, eine für dickere und eine für dünnere Spätzle. Man gab dicke und dünne Spätzle gemeinsam auf die Platte und so war für jeden etwas dabei.

Spätzle und Spächele

Die Küchenethymologen leiten den Namen der Teigwürmchen vom mönchischen, küchenlateinischen Begriff spezzare für schnetzeln ab. Man könnte sich auch vorstellen, daß das Wort speciosus – auffallend schön, großartig, herrlich – darin steckt. Mit dem Schnetzeln ist man sicher auf der richtigen Spur, wenn man an die Schabebewegung beim Einlegen denkt. In Italien bezeichnet man mit spezzatini kleingeschnittene Fleischstücke. Und in Siena bekommt man unter dem Namen Picci (gesprochen Pitschi) Teigwaren, die den mittels eines Spätzlesschwob hergestellten Teigdingern bis aufs Haar gleichen. Allerdings erklärt man neugierigen Touristen, das sei eine Art hausgemachte Spaghetti und serviert sie mit einer Soße aus Tomaten, Brotbrösel und Ragout.

Ein Gastronom aus Enzklösterle, der Ferienkurse mit praktischen Spätzlesübungen anbietet, hat seine eigene Theorie über die Herkunft des Namens. Er leitet die Spätzle von den Spächele ab, den feinen Holzscheiten, die man zum Feuermachen braucht. Und wer schon einmal Spächele hergestellt hat, wird feststellen, daß die Handbewegungen in etwa übereinstimmen.

Der einstige Korrespondent der Stuttgarter Zeitung in Rom, Fritz Gordian, hat die Spätzle einmal den »letzten Vorposten der kultivierten Küche, die sich auf römische Teigspeisen gründet« genannt. Und das geht jedem Schwaben runter wie Öl. Hat er doch schon immer gewußt, daß die heimische Küche der nördlichen Kartoffelkultur überlegen ist.

Der Brockhaus nennt die Spätzle, die dort zwischen Spatzenzungengewächs und SPD angesiedelt sind »eine süddeutsche Mehlspeise aus einem aus Mehl, Wasser, Eiern und Salz bereiteten, vom Brett streifig geschabten, in siedendem Salzwasser gargekochten Teig.« Da haben wir es also amtlich. Von Spätzlesmühlen, -pressen, -hobel, -model und -sieben ist nicht die Rede. Ein ehrliches schwäbisches Spätzle wird vom Brett geschabt, schon weil es auf diese Weise eine besondere Oberfläche bekommt, die die Soße ganz anders aufnimmt als die maschinell gefertigten Möchtegern-Spätzle.

Der Teig für echte, handgeschabte Spätzle muß eine andere Konsistenz haben als der für die anderen, mit allerlei Hilfsmitteln erzeugten Teigdinger. Dieser Babb, ein schwäbisches Wort, das mit dem italienischen Pappa für Teig verwandt ist, hat die Eigenschaft, recht gut zu kleben, also zu bäppen. Wer seine Spätzlesutensilien nach Gebrauch nicht gleich in Wasser einweicht, kann feststellen, daß der Teig hart wie Beton werden kann. Für den derben schwäbischen Humor steht ein Spruch, der heute weitgehend in Vergessenheit geraten ist. Früher konnte man ihn öfter hören:

Mei Mutter isch a saubers Weib,
hat Dreck am Schurz, daß Spätzle geit!

Einlegen von Klöße

Spätzle schaben ist eine Fertigkeit, die nur schwer erlernbar ist

Der Spätzles- oder Knöpflesschwob, einer der wackeren sieben Schwaben, die seinerzeit das Bodenseeungeheur verjagten, hatte die schwäbische Leibspeise immer griffbereit in der Hosentasche. Er reiste nicht mit Schwert und Morgenstern, sondern mit Töpfen und Pfannen. In Ludwig Auerbachs Version von den »Abenteuern der sieben Schwaben« liest sich das so: »Der Knöpflesschwab sagte: Fechten sei zwar seine Leidenschaft nicht, aber wenn sie einen brauchten, um ihnen Knöpfle zu kochen, so gehe er mit los auf das Abenteuer. Als sie handelseins wurden, packte der Knöpflesschwab Häfen und Pfannen auf und zog mit ihnen weiter.«

Wenn man sich wandernde Schwaben immer mit allen Spätzlesutensilien ausgerüstet vorstellt, ist auch die folgende Version zu verstehen: Im Sachsenspiegel, einer Bilderhandschrift aus dem 13. Jahrhundert, ist ein Mann mit einem brett- oder löffelartigen Gegenstand zu erkennen. Man identifizierte ihn als Schwabenherzog, der das Wahrzeichen seines Landes, das Spatzenbrett, vor sich hertrage. Anderen Deutungen zufolge könnte die Miniatur einen Wandermönch darstellen, der die Kunst des Nudelmachens aus Italien in die süddeutschen Lande gebracht hat.

Ein Beleg dafür, daß Spätzle bereits zum Synonym für Baden-Württemberg geworden sind, wurde bei der dritten China-Reise des Ministerpräsidenten deutlich: Er erwägt, ein »Spätzle-Valley« in einer chinesischen Küstenstadt zu errichten, eine Industriekolonie mit einem Beratungszentrum für alle dort angesiedelten Firmen, mit Schulen und Kindergärten für den Nachwuchs der China-Pioniere. Und sicher mit eigenen Restaurants und Kantinen, damit die Spätzle auch in China wie zuhause schmecken.

Das Reinheitsgebot für Spätzle

Das »Reinheitsgebot für Spätzle« hat vor einiger Zeit eine traurige Aktualität erhalten. Doch eine Hausfrau – und ein Gastronom, der auf sich hält – hat für diese Lieblingsteigwaren noch nie etwas anderes verwendet als *frische* Eier, Mehl, Salz und Wasser. Wer sich auf das Schaben oder Schärren versteht, bei dem sind Spätzle ein Blitzgericht. Es ist verständlich, daß man in unserem kargen Ländle, wo man sich für sein täglich Brot, auch wenn es mal Spätzle waren, abrackern mußte, wenig Zeit für komplizierte Gerichte

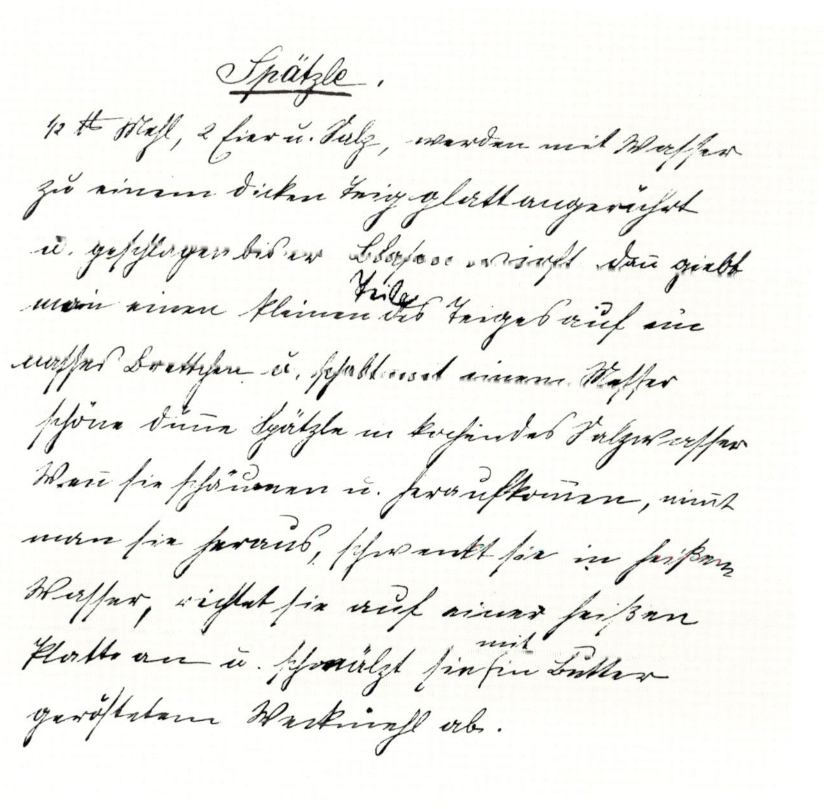
Spätzle.
1/2 Pfd Mehl, 2 Eier u. Salz, werden mit Wasser zu einem dicken Teig glatt angerührt u. geschlagen bis er Blasen wirft, dann giebt man einen kleinen Teil des Teiges auf ein nasses Brettchen u. schabt mit einem Messer schöne dünne Spätzle in kochendes Salzwasser. Wenn sie schwimmen u. heraufkommen, nimmt man sie heraus, schwenkt sie in heißem Wasser, richtet sie auf einer heißen Platte an u. schmälzt sie mit fein in Butter gerösteten Weckmehl ab.

hatte. Wenn die Frau vom Feld kam, mußte es schnell gehen. Und was geht schneller, als Spatzenteig machen, das Brett herausnehmen, die Teigstreifen ins kochende Wasser schaben, sie nach einer Minute aus dem Wasser nehmen, in heißem Wasser warmstellen und wenn der ganze Teig verbraucht ist, sie zu Tisch zu bringen? Das mühsame Auswellen und Schneiden, das die breiten Nudeln und alle italienischen Teigwaren verlangen, fällt hier flach.

Für diejenigen, die es gar nicht erwarten können, gibt es schon seit längerer Zeit den bewährten Spätzlesschwob aus Metallguß, der laut Karl Lerch – einem wahren Spätzlesexperten – »nach Art eines Nußknackers arbeitet. Durch den Löcherboden des Teigbehälters wird der Teig ins Wasser gepreßt. Das ergibt dann Spätzle, die länger und gleichförmiger sind als die von Hand geschabten«.

Nun ja, die Länge kann man einigermaßen durch die Menge des Teiges bestimmen, die man in den »Nußknacker« gibt. Und Frauen, die die Kunst beherrschen, die Spätzle vom Rand einer gewaltigen Backschüssel einzulegen, die kriegen auch schon fast spaghettilange Spätzle hin.

Doch nichts gegen solcherlei Gerätschaften, wo doch sogar der Regierungspräsident Manfred Bulling nichts Gescheiteres zu tun hat, als ebenfalls eine Spätzlesmühle zu konstruieren. Leider hat er das Gerät bei den Stuttgarter Buchwochen 1984 nicht selbst bedient, als es zum Konkurrenzkampf »Handgemachte gegen Mühlenspätzle« ging, sondern er hat seine Frau geschickt.

Wenn Sebastian Blau recht hat, und wer möchte die Autorität des Professor Josef Eberle anzweifeln, dann ist »Spätzle machen eine uns angeborene Kunst, dem Fremden fast so wenig erlernbar wie unsere Sprache.« Schon aus diesem Grund müssen zug'reiste Spätzlesfans häufig zu Pressen, Mühlen oder Hobel greifen. Doch nicht allein wegen mangelnder Fingerfertigkeit bediente man sich zu Beginn des Wirtschaftswunders allerlei Spätzlesmaschinen und obskurer Geräte. Handgemachtes war einfach rückständig, wer mit der Zeit gehen wollte, griff zu praktischen Haushaltshelfern, die Eier kunstvoll zersägten, Tomaten schnitzelten, Kraut hobelten und gelbe Rüben entsafteten.

»Was isch, mache mr Spätzle oder fressa mr dr Toig so?« heißt eine Aufforderung an einen zaudernden Schwaben. Gar nicht gezögert hat der bei den Schwaben sehr bekannte Pfarrer Flattich, den Herzog Karl Eugen an seine Tafel nach Schloß Solitude zitiert hatte. Flattich erschien dort, ohne gepuderten Zopf, obwohl die Mode der Zeit es damals so vorschrieb. Der Herzog fragte ihn: »Warum hat er sich nicht gepudert?« und Flattich erwiderte: »Euer Durchlaucht, I brauch mei Mehl für meine Spätzle!«

Spätzle contra Knöpfle

Nicht im ganzen Ländle heißen die Spätzle Spätzle. Grob vereinfacht kann man sagen, daß sie im Norden Spätzle heißen, im Süden Knöpfle. Sogar in der Ostschweiz in Vorarlberg und im Bayerischen findet man die Knöpfle, die etwas kleineren, gedrungeneren Spätzle. Die Rätoromanen kennen sie auch, sie nennen sie Pizokkel – auch in diesem Wort kann man das romanische spezzare wieder erkennen.

Knöpfle, die große oberschwäbische Konkurrenz der Spätzle, verfertigt man gemeinhin mit Hilfe eines Knöpflessiebs. Es handelt sich um denselben Teig wie bei den Spätzle. Man gibt ihn in ein Sieb mit großen Löchern, damit er in Tropfenform ins kochende Salzwasser fällt. »Solang's no Kraut ond Knöpfle geit, verderbet d'Schwabe net« heißt der Wahlspruch der Oberländer und Allgäuer, die Weiß- und auch Sauerkraut mit diesen hausgemachten Teigwaren anreichern.

Wichtiger noch als die Knöpfle aber sind im Knöpfles-Gebiet die Kässpätzle. Man bestreut dazu jede Portion fertiger Spätzle mit grob geraffeltem Allgäuer Käse. Vielfach werden die Spätzle dazu nicht einmal vorher in heißem Wasser geschwenkt, so daß sie noch besser kleben. Richtige Käsespätzle müssen solche Fäden ziehen, daß man damit stricken oder wiefeln, also stopfen könnte.

Knödel und Spätzle

Der Allgäuer und Journalist Alfred Weitnauer hat aus der Nationalspeise der Schwaben und Bayern den besonderen Volkscharakter der beiden Stämme herausgelesen: »Hier die bayerischen Knödel, in denen man ein Symbol des Zusammenhaltens, des Zentralismus sehen kann. Und dort die schwäbischen Spätzle, die geradezu ein Sinnbild der Vereinzelung und Zersplitterung anbieten.«

Von einem in Augsburg ausgefochtenen schwäbisch-bayerischen Kleinkrieg um Knödel und Spätzle berichtete Rolf Linkenheil am 30. November 1984 in der »Stuttgarter Zeitung«. Der schwäbische Bezirkstagspräsident

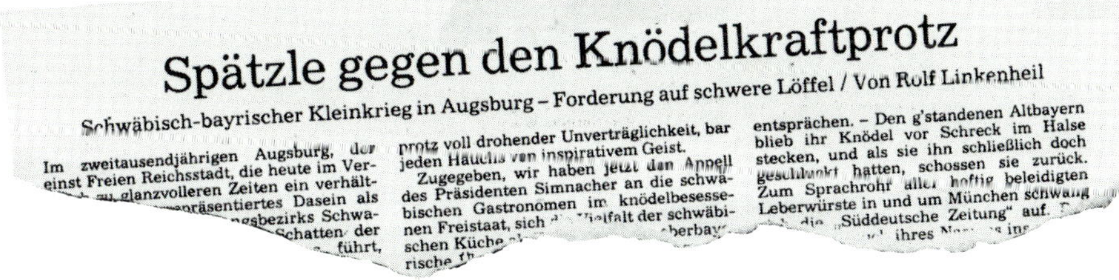

Spätzle gegen den Knödelkraftprotz

Schwäbisch-bayrischer Kleinkrieg in Augsburg – Forderung auf schwere Löffel / Von Rolf Linkenheil

Im zweitausendjährigen Augsburg, der einst Freien Reichsstadt, die heute im Vergleich zu glanzvolleren Zeiten ein verhält- … repräsentiertes Dasein als … bezirks Schwa- … Schatten der … führt, … protz voll drohender Unverträglichkeit, bar jeden Hauchs von inspirativem Geist.

Zugegeben, wir haben jetzt den Appell des Präsidenten Simnacher an die schwäbischen Gastronomen im knödelbesessenen Freistaat, sich … Vielfalt der schwäbischen Küche … rische … entsprächen. – Den g'standenen Altbayern blieb ihr Knödel vor Schreck im Halse stecken, und als sie ihn schließlich doch geschluckt hatten, schossen sie zurück. Zum Sprachrohr aller heftig beleidigten Leberwürste in und um München schwang … die „Süddeutsche Zeitung" auf … ihres … ins …

Leberklöße,
Sauerkraut und Spätzle

Georg Simnacher setzte sich nicht nur für das Schwäbische als Kultursprache auf den Volksbühnen seiner Heimat ein, sondern auch für die bodenständige schwäbische Küche. Er hat erkannt, daß die Liebe aller Schwaben diesseits und jenseits der bayerisch-württembergischen Demarkationslinie den Spätzle gilt. Sie bilden Schwabens Kraft und Stärke und sind ein Symbol für die Individualität ihrer Liebhaber, in ihrer unterschiedlichen Form Ausdruck der Persönlichkeit des Schöpfers respektive Schabers. Grund seiner Liebeserklärung an die Spätzle ist der Wunsch, die Augsburger Gastronomie möge sich der »Mehlspeise« annehmen und im knödelbesessenen Freistaat auch hin und wieder Spätzle auftischen.

Der CSU-Bezirksrat Albert Spitzner hat sich in diesem Knödel-Spätzle-Krieg zu der Bemerkung hinreißen lassen, daß zwischen Knödel und Spätzle ein Unterschied wie zwischen Kanonenkugeln und Schrot bestehe. Aber das kann wackere Schwaben nicht erschüttern. Für die heißt es weiterhin »Wie's Mehl, so werdet Spätzle (Knöpfle)!« Und für ein Kind, das schon im zarten Alter hinter alle Geheimnisse dieser Welt kommen möchte, hat man den Rat parat: »Da musch no viel Spätzle esse!« Um Gegner verbal einzuschüchtern ist die Redensart: »Kerle, da musch no meh Spätzle esse!« verbreitet. Auf diese Weise gibt man zu verstehen, daß man sein Gegenüber nicht für einen ebenbürtigen Gegner hält.

Knödel gibt es im Schwäbischen nicht, sie heißen hier Klöße und auch Klöße findet man kaum, dafür um so mehr Klößle. Grießklößle, Markklößle, Hirnklößle und Butterklößle heißen all die schmack- und herzhaften Suppeneinlagen, die man hierzulande sehr schätzt. Im Zabergäu zuhause sind die Briegel (Prügel), dickere, vom Brett oder aus der Schüssel geschabte Spätzle, die aus einem festeren Teig hergestellt werden. Was zuerst wie ein Schimpfwort klingt ist eine Delikatesse, die nur durch den Wein dieser Gegend übertroffen wird, der zu den besten Tropfen des Schwabenlandes gehört.

Spätzle

500 g Mehl *4–5 Eier* *1 TL Salz*	*Mehl in eine Schüssel geben, die Eier dazu, dann das Salz.*
⅛ l Wasser	*Unter Rühren langsam das Wasser zugießen. Dann den Teig tüchtig schlagen, bis er Blasen wirft. Kurze Zeit stehen lassen, nochmals gut durchschlagen.*
Kochendes Salzwasser	*Kleine Mengen des Teiges auf ein dünnes Holzbrett, am besten ein Spatzenbrett geben und mit einem Spätzlesschaber oder einem Messer feine Teigstreifen ins kochende Wasser schaben. Das geht mehr oder weniger schnell. Wenn man Schaber oder Messer sowie das Spatzenbrett hin und wieder ins Einlegwasser taucht, macht das die Arbeit leichter.*
Heißes Salzwasser	*Wenn die Spätzle wieder an der Oberfläche erscheinen sind sie gar und sollten rasch mit einem Schaumlöffel herausgenommen werden und in frisches, heißes Salzwasser gelegt werden.*

Viele Rezepte empfehlen ein Abschrecken in kaltem Wasser, es ist jedoch überflüssig, auch nach dem Bad im heißen Wasser kleben die Spätzle nicht zusammen. Wichtig ist nur, daß bis zum Anrichten nicht zuviel Zeit vergeht. Man gibt die Spätzle auf eine vorgewärmte Platte, schmälzt sie mit brauner Butter und gibt sie rasch zu Tisch.

Leberspatzen

2 altbackene Milchbrote	*Von den Weckle die Rinde abreiben, kleinschneiden und in Wasser einweichen.*
etwas Fett *1 kleine Zwiebel* *Petersilie*	*Zwiebel schälen und fein würfeln, Petersilie fein hacken und zusammen mit den Zwiebeln in Fett andünsten,*
400 g gehackte Rinderleber	*Weckle gut ausdrücken und zusammen mit den abgekühlten Zwiebelwürfeln an die Leber geben.*
Majoran *Salz* *weißer Pfeffer* *3 Eier*	*Gewürze zusammen mit den Eiern darübergeben und mit den Händen gut durchkneten.* *Abschmecken, bei Bedarf nachwürzen. Teig etwa eine Viertelstunde ziehen lassen. Einen Probekloß abstechen und zehn Minuten in Salzwasser garziehen lassen, nicht kochen. Ist der Kloß zu weich, kann man ihn mit Mehl oder Semmelbrösel noch etwas andicken.* *Mit dem restlichen Teig ebenso verfahren.*

Leberspatzen werden in der Brühe serviert oder zu Sauerkraut und zu Kartoffelsalat gereicht.

Käsespatzen

Spätzle nach Grundrezept	*Spätzle nach Grundrezept zubereiten, nach dem Aufkochen herausfischen, nicht schwenken, sondern gleich auf eine vorgewärmte Platte geben.*
100 g geriebenen Allgäuer Käse *Butterschmalz* *Zwiebelringe*	*Mit Käse bestreuen, zweite Lage Spätzle darübergeben, am Schluß die in Butterschmalz gerösteten Zwiebelringe obenaufgeben, eventuell mit etwas Pfeffer bestreuen und gleich zu Tisch bringen.*

Nach einem alten Brauch ißt man die Käsespätzle zusammen aus einer Schüssel, schon damit sie beim Ausschöpfen nicht kalt werden.

Maultaschen

Eine unscheinbare Teigtasche,
um deren Urheberschaft
sich Mönche, Chinesen, Italiener
und Russen streiten

Ein schwäbisches, zweisprachig aufgewachsenes Mädle hat einst verkündet: »Papa, heute gibt es Mundtaschen«. Maul war ein Wort, daß ihr »preußischer« Vater auf keine Fall geduldet hätte. Es hatte vor der Tür zu bleiben und durfte höchstens auf der Gass' benützt werden. Sie mag ähnlich gedacht haben wie der Protokollchef, der anläßlich des Besuchs der englischen Königin in Stuttgart »Mundtaschen« auf die Menükarte schreiben ließ. Maul erschien ihm ein gar zu grobes Wort für eine königliche Tafel. Daß es mit seiner Version von den »Mundtaschen« der Herkunft des Begriffs auf der Spur war, konnte das Mädele damals noch nicht wissen.

Wenn man im »Neueren Lexikon der französischen, sächsichen, österreichischen und böhmischen Kochkunst« aus dem Jahre 1785 blättert, findet man dort auch die »Maultaschen oder Schlickkrapfen – Krapfen aus Mundmehl«. Mit Mundmehl oder Schönmehl bezeichnete man das fein ausgemahlene Weißmehl, das im Gegensatz zum Schwarzmehl eben nur für die feineren Genüsse zur Verfügung stand.

Alfred Marquardt sieht in der Maultasche, die viele für eine urschwäbische Erfindung halten, ein russisches Importstück. Weder italienische Ravioli noch chinesische Won-Tan-Taschen haben seiner Meinung nach Pate gestanden, sondern die russischen Piroggen. In »Pudding für den Zaren« schreibt er: »Zu Zeiten des württembergischen Königtums gab es viele persönliche Beziehungen zum Zarenhof, man heiratete fleißig hin und her. Dabei könnte die Maultasche ins ›Ländle‹ gekommen sein.«

Einer anderen Legende zufolge sind die schwäbischen Ravioli die Erfindung eines unbekannten Bruder Küchenmeisters aus dem Maulbronner Kloster. Während des Dreißigjährigen Krieges sollen die Mönche einmal unverhofft ein großes Stück Fleisch erhalten haben. Doch unglücklicherweise war gerade Fastenzeit. Um das Fleisch dennoch verspeisen zu können, zerhackten sie es, mischten es mit Kräutern und Gewürzen und versteckten es unter der Teighülle. Der liebe Gott soll es ihnen augenzwinkernd nachgesehen haben. Trotzdem ist der Betrug bekannt geworden und ein Teil des Klosternamens haftet noch immer an dieser Speise. Ihr voller Name müßte demnach Maulbronner Teigtaschen heißen. Den zutreffenderen Namen »Herrgottsb'scheißer« findet man freilich selten.

Eine weitere Vermutung stellte die »Stuttgarter Zeitung am 15. Juni 1985 wieder einmal zur Diskussion: »Kommen die Maultaschen womöglich aus China?« hieß die Schlagzeile im Lokalteil, die den Besuch des chinesischen Ministerpräsidenten Zhao Ziyan würdigte. Dort heißt es über ein Gala-Diner im Ludwigsburger Schloß: ». . . im fürstlichen Rahmen der Ahnengalerie wird die schwäbisch-chinesische Freundschaft bei Maultaschen und Lemberger Kabinett vertieft. Wobei sich ein launiges Streitgespräch entwikkelte, ob der große Marco Polo die schwäbische Maultasche nach China oder die ursprünglich chinesische Maultasche ins Ländle gebracht habe.«

Verwunderlich wäre es nicht, wenn Marco Polo auch gleich die Spätzle mitgebracht hätte, denn im Reich der Mitte werden spatzenartige Teigwaren vom Brett geschabt, allerdings nicht mit einem Messer oder einem Spatzenschaber sondern – wie könnte es auch anders sein – mit Stäbchen.

Eher richtig ist die Maultaschen-Theorie, daß die zweifelsohne auf italienische und chinesische Vorfahren zurückgreifende Maultasche so gut schmeckt, daß sie wie von selbst den Weg zum Maul findet – analog zum italienischen saltimbocca, was »Spring in den Mund« heißt.

Eingang in den Klostergarten in Maulbronn.
Gemälde von Christian Mali (1863)

Maultaschen – ein delikater Kern
in unscheinbarem Gewand

Die Tiroler Gräfin Margarete Maultasch hat sicher nichts mit der Erfindung der bleichen Köstlichkeit zu tun, allerdings haben die Täschchen mehr als nur den Namen mit der Tirolerin gemein, die auch die »häßliche Gräfin« genannt wurde. Denn optisch bieten die Maultaschen recht wenig. Thaddäus Troll meint, sie entsprächen dem Wesen der Schwaben. »In einem unliebenswürdigen Gewand verbirgt sich ein delikater Kern. Sie schmecken hehlingen gut. Köstlich ist die reiche Fülle aus Bratwurstbrät, Schinken, Fleisch, Spinat, Zwiebeln, Eiern, Petersile, Muskat und Majoran. Jede Hausfrau hat dafür ihr Spezialrezept. Die Maultaschen schwimmen wie Wasserleichen in der Fleischbrühe.«

Besonders delikat schmecken in Schwaben die Maultaschen am Gründonnerstag, an dem man sie nach alter Tradition in vielen Haushalten zubereitet. Am Karfreitag, dem einzigen Fastentag, den auch die Protestanten einhalten oder zumindest einhielten, kamen sie dann mit Eiern überbacken erneut auf den Tisch. Ei- und Teighülle verbargen gnädig den fleischlichen Inhalt.

Nicht nur aus Fastengründen, sondern ebenso ihrer Farbe wegen gehören die Maultaschen zum Gründonnerstag. In dieser Zeit gibt es frischen Feldspinat und viel Petersilie sowie die Zwiebelröhrle. Doch gerade bei der grünen Füllung gibt es die meisten Probleme. Die Frage »viel Spinat – wenig Petersilie« (in Schwaben Peterling genannt), hat schon ganze Familien entzweit. Außerdem soll es Familien geben, die sogar Knoblauch in die Maultaschenfülle tun. Auch die fleischernen Zugaben sind keineswegs unumstritten. Geräuchertes Kasseler, gehackter Braten von Kalb, Schwein oder Rind können ebenfalls zum Zankapfel werden. Das Brät (gewürztes Hack, das man normalerweise zum Herstellen von Würsten verwendet) ist meist in »gekauften« Maultaschen anzutreffen. In den hausgemachten Maultaschen hat es eigentlich nichts verloren. Heinz Eugen Schramm erwähnt es trotzdem in seinem Maultaschenrezept in Gedichtform:

Hackfloisch, Zwiebel, Peitschestecke,
Wassergwoichte Doppelwecke,
Peterleng, Spinat ond Brät,
Älles durch de Floischwolf dreht,
Oier drüber, Salz ond Pfeffer,
Geit e Toigle, geit en Treffer,
Grad für d'Nudelböde g'richt;
Ond schao kriagt dui Sach e Gsicht!
Drufgschmiart, zuadeckt, toilt und gschnitte,
Net lang gfackelt maih ond 'ditte,
Nei en d'Brüah ond ufkocht gschwend! –
Selber schuld, wer's Maul verbrennt.

Maultaschen-Abarten

Eine Abart der richtigen Maultaschen ist die schneckennudelähnliche Maultasche. Bei dieser Maultaschen-Unsitte wird der Teig samt Füllung zu einer Rolle geformt und dann in Streifen geschnitten. Das ergibt eine Art Schneckennudel, bei der die Füllung bloßliegt. Diese Form der Profi-Maultasche ist besonders bei Gastronomen, bei Metzgern und bei Stadtfesten anzutreffen, wenn es um die Bewältigung von großen Mengen oder das Aufstellen von Rekorden geht. Wenn man sich die mühsame Täschnerarbeit spart, kann man schneller viele Maultaschen zubereiten und verkaufen.

Vorsicht geboten ist auch bei den verschiedenen Phantasie-Maultaschen der angeblich gehobenen Gastronomie. Was sich da manchmal unter Feinschmecker-, Gärtnerinnen- oder Großmütterchen-Maultasche verbirgt, ist oft nur der mißlungene Versuch, Fertigprodukte durch Dosenchampignons, Schmelzkäse und Röstzwiebeln zu verbessern. Die ehrliche, hausgemachte Maultasche ist eine Köstlichkeit, die man kaum verbessern kann.

Interessanter sind die Versuche der Neuen Küche, die Maultasche zu veredeln. Als Schnecken-Maultaschen, Maultaschen vom Lamm mit Basilikumsoße, Wachtel- und Zandermaultaschen kopieren sie aber eher die italienischen Ravioli, die auch in mancherlei Gestalt daherkommen, in ihrer Urform aber immer noch am besten in Salbei-Butter schmecken.

Leider muß man immer wieder feststellen, daß die Unterschiede zwischen geschmälzten und gerösteten Maultaschen auch den Profi-Gastronomen nicht immer ganz klar sind. Gerade auf Speisekarten wird oft deutlich, wie wenig man sich in der vermeintlich schwäbischen Wirtschaft mit diesem Gericht auskennt. Dabei ist alles ganz einfach: das Schmälzen, also die Zugabe von Fett (Schmalz), bedeutet lediglich, daß man ein an sich magers Gericht mit Fett anreichert. So wird beispielsweise die Maultaschenbrühe geschmälzt, ebenso der Gaisburger Marsch. Man kann natürlich auch an Nudeln und an Maultaschen ohne Brühe etwas Fett geben und sie so schmälzen. Die Zwiebeln, mit denen häufig das Schmälzfett aromatisiert wird, dürfen ruhig ziemlich grob zu Ringen geschnitten und gut durchgebraten sein. Eine Soße aus halbgarem, grünem Zwiebelbrei ist keine Zierde für eine Maultaschenterrine und ist außerdem nicht sonderlich bekömmlich. Neben Zwiebeln gibt geröstetes Weckmehl eine gute Schmälze für vielerlei Zwecke ab.

Eine Eizugabe und die damit verbundene Bratkruste aber hat nichts mehr mit schmälzen zu tun. Dann muß es gröschte (geröstete) Maultaschen heißen oder bratene, brägelte oder bachene Nudeln. Am Familientisch kommen brägelte Maultaschen meist in Streifen geschnitten zu Tisch, das hat verschiedene Vorteile: erstens einmal reichen sie dann für mehr Esser und zweitens teilt sich das Ei dem Ganzen so besser mit.

In schwäbischen Kantinen kann man oft die leicht verunsicherten Gesichter von Neu-Schwaben sehen, wenn sie sich an der Theke eine Terrine Maultaschen in der Brühe abholen und feststellen, daß dazu noch eine Schale Kartoffelsalat bereitsteht. Das Maultaschenessen will gelernt sein. Auch in der Familie wird ein Suppenteller aufgedeckt, aus dem man zuerst fast die ganze Brühe und ein bis zwei Maultaschen ißt. Hat man seine Vorsuppe und damit die Vorspeise hinter sich gebracht, schöpft man in den tiefen Teller eine ordentliche Portion Kartoffelsalat, fischt sich bei Bedarf aus der Suppenschüssel eine tropfnasse Maultasche und beginnt mit dem Hauptgang.

»Ministerielle« Maultaschen servierte die Zeitschrift »essen und trinken« im Oktober 1977 ihren Lesern. Der damalige Bundespostminister Kurt Gscheidle führte dort eigenhändig vor, wie man echte schwäbische Maultaschen macht. Einer seiner Kniffe, den sicher viele Hausfrauen nicht kennen, soll hier nicht verschwiegen werden: Die Gasse zwischen den einzelnen Maultaschen, also die Fläche, auf der die einzelnen Taschen nachher ausgerädelt werden, drückte er mit dem Kochlöffelstiel fest. Manche Maultaschenmacher nehmen dazu einen Tellerrand, aber der Trick aus der Küche von Gscheidles Mutter scheint in der Tat besser zu sein.

Nudelteig

Die wichtigste Grundlage für die Maultaschen ist der Nudelteig. In vielen Haushalten macht man ihn heute noch selbst, man kann ihn aber genauso gut beim Bäcker kaufen. In Stuttgarter Bäckerläden findet man hin und wieder ein Schild das verkündet: »Nudelteig, jeden Donnerstag auf Vorbestellung«. Die Verbindung zum Gründonnerstag, dem hauptsächlichen Maultaschentag, ist auf diese Weise wieder hergestellt.

Doch nicht allein für Maultaschen braucht man den fein ausgewellten Nudelteig, so dünn, daß man die Zeitung durchlesen könnte – oder zumin-

Eier und Mehl sind die wichtigsten Zutaten für einen Nudelteig

dest das Losungsbüchle. Auch für breite Nudeln und Suppennüdeli ist der hausgemachte Teig ideal. Krautnudeln, eine oberschwäbische Spezialität, bei der Sauer- oder Weißkraut in Nudelteig gehüllt und im Ofen gedünstet wird, verlangen ebenfalls nach solidem Nudelteig. Zudem war früher im bäuerlichen Haushalt alles vorhanden, was man zum Nudelteig brauchte: frische Eier und Mehl. Die breiten Nudeln zum Sonntagsbraten kamen daher vom eigenen Nudelbrett, vor allem auch in badischen Gefilden, wo die Spätzle nicht so sehr im Vordergrund standen.

Man brauchte sich also nicht zu wundern, wenn man am Samstag nachmittag in einem Bauernhaus im Neckartal Nudelteig auf dem Treppengeländer hängend vorfand oder die bereits geschnittenen breiten Nudeln an einer Lampenschnur aufgreiht. Sie mußten schließlich bis zum Sonntag gut aufbewahrt werden und durften nicht zusammen»backen«, auf hochdeutsch – kleben.

Nudelteig

400 g Mehl *3 Eier* *etwas Wasser*	*In die Mitte des Mehls eine Vertiefung machen. Auf jedes Ei ½ Eierschale voll Wasser nehmen, in die Mitte des Mehls geben und alles gut vermischen. Gut durchkneten, bis der Teig beim Durchschneiden kleine Löcher hat. Den Teig in 5 Teile teilen, zu Kugeln formen und zudecken.*
Mehl	*Zum Auswellen etwas Mehl auf die Unterlage streuen, den Teig ohne umzudrehen hauchdünn auswellen und zum Trocknen auf ein Tuch legen. Wenn der Teig beinahe trocken ist, in etwa 1 cm breite Streifen schneiden und trocknen lassen.*
Salzwasser	*Die Nudeln 8 bis 10 Minuten in Salzwasser kochend, abgießen und abtropfen lassen.*
30 g Butter *1 EL Weckmehl*	*Vor dem Anrichten mit in Butter geröstetem Weckmehl schmälzen.*

Maultaschen

500 g Spinat *1 Zwiebel*	*Den verlesenen und gewaschenen Spinat kurz in reichlich Salzwasser kochen, abschrecken und nicht zu fein hacken. Mit der feingewürfelten Zwiebel, dem in dün-*

1 Stange Lauch *1 Bund Petersilie* *etwas Fett* *250 g Hackfleisch*	*ne Scheiben geschnittene Lauch und der gehackten Petersilie in wenig Fett etwas andämpfen, Hackfleisch zugeben und so lange weiterdämpfen, bis das Hackfleisch »durch« ist. Vom Herd nehmen und in eine ausreichend große Schüssel geben.*
250 g gebratener Schweinebraten (Rest) *1 Kasseler Rippchen*	*In den Fleischteig kommt nun der in feine Würfel geschnittene Schweinebraten und das ebenfalls gewürfelte Kasseler.*
4 altbackene Brötchen	*Von den Brötchen die Rinde abreiben, in Wasser einweichen, ausdrücken und zerzupfen. Dann an die Fleisch-Gemüse-Masse geben, bei Bedarf noch etwas Sahne zugeben, damit die Masse sämiger wird.*
3 Eier *Salz* *Pfeffer* *wenig Muskat*	*Zum Schluß die Eier zusammen mit den Gewürzen unter die Masse rühren, mit den Händen gut durchkneten, abschmekken und bei Bedarf nachwürzen.*
500 g Nudelteig nach Grundrezept	*Fülle auf der Hälfte des dünn ausgewellten, auf bemehlter Fläche liegenden Teiges verteilen, zum Rand hin etwa 1½ Zentimeter freilassen. Die unbestrichene Teighälfte darüberklappen. Nun mit einem Rührlöffelstiel zuerst längs, dann quer Linien andrücken, die die Maultaschen markieren. Durch das Andrücken wird die Fülle zwischen den Nahtstellen zusammengedrückt. Darauf achten, daß sich keine Luftblasen bilden.* *Etwas ruhen lassen und dann die einzelnen Täschchen ausrädeln. In reichlich kochender Bouillon etwa 12 Minuten ziehen lassen, nicht kochen.* *In der Brühe, die man mit Butter und Zwiebelringen schmälzt, servieren. Als Hauptgang einen Kartoffelsalat dazu reichen.*

Eier und Geflügel

Vom Hennensprung und vom Osterlamm,
das zum eierlegenden Has' wurde,
von de Flädle und dr Kratzede,
von der Martinsgans und der Weihnachtsente
des geistlichen Herrn

Bauern auf dem Markt. Kupferstich von Albrecht Dürer (1512)

Eier, Mehl und Milch sind die Säulen der hiesigen Küche. Gemüse gab es natürlich auch, aber zum Sattwerden war es nicht gedacht. Fleisch kam selten auf den Tisch – und so mußten die Mehl- und Eierspeisen zur täglichen Ernährung beitragen. Kein Wunder, daß die Schwaben sagen: »Das Ei ist eine geschissene Gabe Gottes.« Der Herrgott wird hierzulande oft bemüht und oft zitiert. Man hat ein nachbarschaftliches Verhältnis zu ihm – im guten wie im bösen. »Der Glaube stärkt alles – nur nicht die weißen Hemmeder (Hemden)« sagt die Hausfrau. Und von den Bauern weiß man, daß sie hin und wieder den Spruch im Munde führten: »Do hilft älles beten nix, do muaß Mischt no!«

»A ganz halbs Ei neig'kleppert« hat die Frau Pfarrer in eine Suppe, die besonders gut schmeckt. Wobei man bei dem Wort »g'kleppert« noch die Gabel in der Tasse klappern hört. In vielen Backrezepten wurde empfohlen, die Hälfte des benötigten Eigelbes in Form von hartgekochten Dottern zu verwenden, die durch ein Sieb gestrichen wurden. Apropos Sieb: Im Schwäbischen kennt man zwei verschiedene Ausdrücke: Sieb und Seiher. Feste Lebensmittel wie Mehl und Zucker werden gesiebt, Flüssigkeiten geseiht. Man findet daher noch häufig das Wort Teeseiher statt Teesieb. Eine weitere süddeutsche Küchenantiquität ist der Durchschlag, ein Sieb aus Aluminium oder auch aus Ton, das nur am Boden Löcher hat und für vielfältige Zwecke verwendet werden kann. Am bekanntesten ist dieser Durchschlag, der als Knöpflessieb dienen kann oder als Salatsieb, auf dem man den gewaschenen Salt abtropfen läßt.

Der Hennensprung

Auch der Ausdruck »Do hat d'Köche a Henn' drübersprenge lasse« ist für ein eierhaltiges Gericht bekannt. Denn nicht immer ist man mit Eiern so großzügig umgegangen, wie die Rezepte aus den Herrschaftsküchen vermuten lassen. In dem Buch »ebbes aus Münsingen« wird gezeigt, daß 1914 ein Maurermeister 14 Pfennige in der Stunde verdiente. Ein Ei kostete damals zwischen 4 und 5 Pfennig. Wer keinen eigenen Hühnerhof hatte, mußte daher sorgfältig abwägen, wie viele Eier in die Spätzle kamen. So hat man auch einige Tricks angewendet, um Eierspeisen gelber erscheinen zu lassen, als sie durch ihren Eigehalt eigentlich sein konnten. Safran, der den Kuchen gehl (gelb) macht, war nur eine der Möglichkeiten, Fülle vorzutäuschen. Im Winter, wenn Grünfutter fehlte und die Dotter blasser waren, als die Köchin sich das wünschte, half der Saft von Gelbenrüben der Spätzlesfarbe auf die Sprünge.

Ein weiterer Trick besteht darin, das Eigelb schon einige Zeit vor dem Gebrauch mit dem benötigten Salzanteil zu verquirlen. Das Gelb wird dadurch dunkler. Die Betreiber von Legebatterien erreichen gleichmäßiges Gelb übrigens dadurch, daß sie Paprikapulver verfüttern. Ob diese Würze den Fischmehleiern auch noch Geschmack verleihen kann, ist fraglich. Zumindest etwas hat man durch die Massentierhaltung erreicht: es gibt das ganze Jahr hindurch gleichmäßig viele und gleichmäßig teure Eier. Man kann sich daher das Einlegen in Wasserglas oder in Spreuer sparen. Ein irdener Hafen mit Vorratseiern für die Weihnachtsbäckerei ist heute in keinem Keller mehr anzutreffen.

Osterlamm und Osterhase

Im Frühjahr, wenn die Hennen wieder reichlich legen, feiert man das Osterfest mit vielen Eiern. Christliche Traditionen und alte Volksbräuche haben sich zu den heute noch gängigen Osterbräuchen verwoben. Dabei spielt das Ei als Fruchtbarkeitssymbol eine große Rolle. Hinzu kommt, daß die Osterzeit auch eine Bedeutung für Rechtsgeschäfte hatte, zum Beispiel waren in dieser Zeit auch die Zinseier fällig. Kein Wunder, daß man das christliche Osterfest mit diesen Hühnerprodukten in Verbindung brachte. Der Osterhase, der nicht nur hier im Süden üblich ist, soll auf eine Fehlinterpretation eines aus Teig gebackenen Osterlamms zurückzuführen sein – vielleicht waren die Ohren des Lammes zu groß geraten. Jedenfalls ernannte man das österliche Lamm zum Hasen und ließ es von nun an Eier legen. Gebildbrote in Form von Brezeln und Zöpfen gehören auf den traditionellen Ostertisch. Lämmer aus Bisquitteig und Hasen aus Mürbteig spielen erst seit jüngerer Zeit eine Rolle.

Zum festen Brauch in vielen Familien gehörte das Karfreitagsei, ein Gänseei, das die Bäuerin dem Bauern auf den Frühstückstisch bringt – für die Kinder gibt es ein Hühnerei. Das Karfreitagsei sollte vor Krankheiten schützen. Die Ostereier dagegen waren einfach zum Spaß gedacht. Man färbte sie mit Zwiebelschalen und Naturfarbstoffen, um das Auge zu erfreuen.

»Von Volksbeslustigungen ist das früher allgemein gewesene Eierlesen am Ostermontag nur noch in einzelnen Gemeinden, wie in Schönaich, Dagersheim etc. üblich«, heißt es in einer Beschreibung des Oberamts Böblingen von 1850. Denn auch das Eierlesen, Eierschmeißen und das Eierboxen oder Schunken waren Anlaß zu Betrügereien, zu Raufhändel und anderen Unan-

Eierlesen im Württembergischen

nehmlichkeiten, so daß man von Seiten der Obrigkeit dies einzudämmen versuchte. Trotzdem gibt es hin und wieder einen »Eierschmeißbuckel« oder ähnliche Örtlichkeiten, auf der zumindestens familien- oder sippschaftsweise alte Osterbräuche, bei denen es um das Gewinnen von Eiern geht, noch bis in die fünfziger Jahre durchgeführt wurden. So wurde auch das »Bscheißen« beim Eierboxen nicht völlig vergessen. Ein Ei wurde ausgeblasen und mit Gips gefüllt. So ein Ei hatte eine natürliche Eierschale und war äußerlich kaum von den normalen Hühnereiern zu unterscheiden, aber beim »Boxen« war es immer der Gewinner.

Pfannenkuchen, Flädle, Eierhaber

Pfannenkuchen, Flädle und Eierhaber sind drei wichtige Säulen der schwäbischen Küche. Der Pfannenkuchen ist die schwäbisch-sparsame Variante eines Omelettes. Ein Pfannenkuchen ist eher ledrig-hart als schaumigweich, eher dunkelbraun als hellgelb, er wird auf beiden Seiten gebacken und ist mehr mehl- als eierhaltig. Zu seinen Pfannenkuchen ißt der Schwabe gerne Habhaftes wie Kopfsalat, Kartoffelsalat oder Spinat. Briesle oder Hirnstücke werden in Pfannkuchen eingebacken, ebenso Wurst, Schinken und Speck.

Die einfachste Form ist ein Pfannenkuchen mit etwas Zucker, zu Kompott oder eingemachtem Obst gereicht. Besonders gut schmecken Kirsch- oder Apfelpfannenkuchen, bei denen die Früchte in den Teig gerührt werden. Häufig richtet man die Kirsch- oder Apfelpfannenkuchen zu einem Berg getürmt an und schneidet wie aus einem Kuchen Stücke heraus.

Die nächste Stufe der Eierkochkunst ist der Eierhaber. Er enthält mehr Eier auf dieselbe Menge Mehl und wird nicht als Ganzes serviert, sondern in der Pfanne in Stücke zerrissen.

Eierspeisen kommen bis heute regelmäßig einmal in der Woche auf den Tisch – vorzugsweise am Freitag – und auch in evangelischen Familien. Wer das für überholt hält, sollte sich nur einmal die Speisezettel von Kantinen anschauen: Eierhaber, Kaiserschmarrn und andere Pfannengerichte sind dort häufig zu finden. Das hat die gleichen Gründe wie früher in vielen Familien – die Kalkulation kann nur dann stimmen, wenn nicht zu viel Fleisch, dafür aber hin und wieder Eierspeisen auf den Tisch kommen. Und es soll schon vorgekommen sein, daß sich zwei Schwaben einen Pfannenkuchen teilen mußten. Und weil sie sich nicht an die alte Regel gehalten haben, einer teilt, der andere nimmt, führte das zu einem kleinen Streit. »Wenn i z'erscht gnomme hätt, dann hätt i mir's kloiner Toil gnomme«, rügt der Eiges seinen Tischgenossen. »I woiß gar net, was du willsch«, sagt der Bertl, »des hosch doch etzat au!«

Die Flädle sind bestimmt eine urschwäbische Eigenheit. Diese papierdünnen Pfannenkuchen könnte man am ehesten mit den Crêpes vergleichen, aber die Flädle sind nicht ganz so knusprig. Flädle kommen in feine Streifen geschnitten in die Suppe oder werden als Beilage zum Spargel gereicht. Auch zu Briesle sind sie ein idealer Begleiter.

Kratzede, Scherrede oder Stirum sind andere Bezeichnungen für Eierhaber: einer Pfanne voller Eier, Mehl und Milch. Der Ausdruck Kratzede, badisch auch Chratzede, soll an den Hennenfuß erinnern, der im Hühnerhof

Ein ums Jahr 1850 gebräuchliches Waffeleisen

agiert. Und mit der gleichen Vehemenz soll man auch den Eierkuchen in der Pfanne kratzen, scherren, zerreißen, denn nur so bekommt er seinen unnachahmlichen Geschmack. Der Eierhaber ist mit dem österreichischen Kaiserschmarren verwandt, doch fehlt ihm der Zucker, weil die Schwaben ihren Eierhaber gern mit salzigen Beilagen kombinieren. Eine badische Variante ist die Chriesi-Chratzede, also ein Kirschen-Schmarrn.

Sollte der Eierkuchen noch nahrhafter werden, hat man ihm altbackene Brotstücke oder Brötchen zugegeben, die vorher kleingeschnitten und eingeweicht wurden. Diese Brotstücke ersetzten das Mehl, machten jedoch die Handhabung ein bißchen schwieriger. Im Hohenlohischen mußte die Braut ihrem zukünftigen Bräutigam einen Eierblooz aus Brotstücken, Milch und Eiern bereiten, um ihre Geschicklichkeit beim Umgang mit der Pfanne unter Beweis zu stellen.

Waffeln, manchmal auch Kofern oder Gofern genannt – nach dem französischen Wort gaufre für Waffel – sind ebenfalls eine Eierspeise, zu der man salzige oder süße Beilagen reichen kann. Die Motive der Waffeleisen waren ursprünglich den Hostienbäckereien der Klöster nachgebildet. Sie wurden an langen eisernen Griffen übers Feuer gehalten. Daneben gab es aber schon immer Waffeleisen mit dem berühmten Waffelmuster, den sich rautenförmig überschneidenden Rillen.

Martinsgans und Weihnachtsente

Nicht nur die Produkte der fleißigen Tiere hat man hierzulande immer gern gegessen, ein Gockeler oder ein Hühnchen waren nicht zu verachten. Natürlich gehört eine Henne, die jahrelang als treue »Legere« gedient hat, nicht eben zu den köstlichsten Braten, aber als Suppenhuhn oder zu »Henneknödel« – Klößen aus gehacktem Hühnerfleisch, Speck und Semmelbröseln – waren sie noch immer gut genug. Zu Martini, am 11. November, dem Namenstag des heiligen Martin, gibt es traditionell einen Gänsebraten. Das hängt mit den Naturalabgaben zusammen, die an diesem Tag fällig werden, am Ende eines Wirtschafts- oder Pachtjahres. 500 bis 600 Gänse kamen in

Hall am Sankt Martinstag auf den Mark und später in den Topf. Aber in Hall ging es schon von jeher üppiger zu, weil dort der schwäbische und der fränkische Volksstamm sich vermischen.

Warum Gänse am Martinstag verspeist werden, könnte folgende Legende erklären: St. Martin soll sich, als er gegen seinen Willen zum Bischof bestimmt worden war, in einem Gänsestall versteckt gehalten haben, wo ihn dann die Tiere durch ihr Geschnatter verrieten. Jedoch nicht jede arme Bauersfamilie konnte sich zum Andenken an diesen Heiligen einen Gänsebraten leisten. Allgemein verbreitet waren zu Martini nur die Laternenumzüge, das Peitschenknallen und das Kirchengeläut, womit die bösen Geister vertrieben werden sollten. Dazu wurden Goistle (Geister) – ausgehöhlte und beleuchtete Rüben und Kürbisse – hergestellt, mit denen man wie mit Laternen im Dunkeln von Haus zu Haus ging und sein Sprüchlein auf sagte, um Äpfel, Nüsse und Martinsküchle – Gebildbrote in Form von Martinshörnern, -geigen und -schiffen – zu erheischen.

Eine Ente zu Weihnachten gehörte zu den kleinen Köstlichkeiten, die man sich vergönnte, so man dazu in der Lage war. Kein Wunder, daß sich der katholische Pfarrer Sorgen um seinen wohlverdienten Braten machte, als er zu seinem Entsetzen am ersten Weihnachtsfeiertag alle beiden Pfarrhausmägde in der Messe sah. Er hat daher in die lateinische Liturgie immer wieder ein »Marie drehdendom« (Marie, dreh d'Ent om) eingeflochten. Als Marie keinerlei Reaktion zeigte, versuchte er es erfolgreicher mit einem »Anna drehdusom« (Anna, dreh du's um).

Anderer Theil.

Merckwürdigkeiten
Von
Unvernünfftigen Thieren.

Von denen Gänsen.

Man sagt, daß den Gänsen kein gifftiges Thier schaden könne. Sonst geben die fette Gäns ein delicate Speiß; es ist aber ihr Fleisch etwas hart, und folgsam nicht leicht zu verdauen. Die Gäns Fette ist nicht ungesund, und hat dabey einen guten Geschmack. Absonderlich wird die Leber von den fetten Gänsen gelobet. Sie ist gar zart, und giebt eine gesunde und delicate Speise ab.

Apfelpfannkuchen

250 g Mehl *2 Eier* *etwas Salz* *½ l Milch*	*Das Mehl, die Eier und das Salz mit der Hälfte der Milch zu einem glatten Teig rühren. Nach und nach die restliche Milch zugeben, glattrühren.*
3 saftige Äpfel	*Unter diesen Teig die geschälten, in dünne Scheiben geschnittenen Äpfel geben.*
Fett zum Ausbacken	*Fett in einer Pfanne erhitzen, mit einem Schöpflöffel Teig hineingeben, so daß die Pfanne gut gefüllt ist. Pfannkuchen von beiden Seiten backen,*
Zucker und Zimt	*mit Zucker und Zimt bestreuen.*

Flädle

80 g Mehl *⅛ l Milch* *1 Ei* *Salz* *1 Msp. Muskat*	*Das Mehl mit Milch, dem Ei, Salz und Muskat zu einem glatten Teig rühren.*
Speck (für die Pfanne)	*Die heiße Pfanne mit Speck einreiben, dünne Flädle von beiden Seiten backen. Abkühlen lassen, aufrollen und in dünne Streifen schneiden.*
heiße Fleischbrühe	*Kurz vor dem Auftragen mit kochender Fleischbrühe übergießen.*

Ebbirepfannkuchen

2 Pfund rohe Kartoffeln
Schmalz

Kartoffeln schälen, in dünne Scheiben schneiden und in viel Fett braten, bis sie braun sind und eine Kruste haben.

350 g Rauchfleisch
1 große Zwiebel
Salz
Pfeffer

Rauchfleisch in Würfel schneiden und die kleingeschnittenen Zwiebeln in wenig Fett anbraten. Dieses Gemisch über die Kartoffeln geben, vorsichtig untermischen, würzen.

3 Eier

Zum Schluß die Eier darübergeben und stocken lassen.

Neuerdings gibt man auch geschälte Tomaten an diese schwäbische Tortilla und serviert das Ganze zu Salat als habhaftes Familienessen.

Weckeierhaber

4 altbackene Brötchen

Von den Brötchen die Rinde abreiben, dann in Würfel schneiden.

3 Eier
¼ l Milch
Salz

Eier mit Milch und Salz verquirlen, über die Brötchen geben und eine halbe Stunde ziehen lassen.

Fett zum Ausbacken

Fett in einer Pfanne erhitzen, von dem Teig, den man noch kurz mit der Gabel durchschlägt, in die heiße Pfanne geben, auf einer Seite backen, umdrehen und mit einer großen Gabel in Stücke zerteilen. Fertig backen und servieren.

Ißt man den Weckeierhaber zu salzigen Beilagen, kann man dem Teig etwas frisch geriebene Muskatnuß hinzufügen. Wenn man ihn zu Kompott reicht, bestäubt man ihn nach dem Backen mit Zucker oder mit Zucker und Zimt.

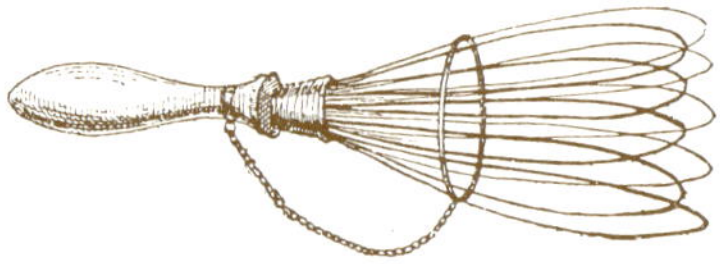

Gemüse und Salat

Vom Kopfsalat aus dem Gärtle des Pfarrers,
vom Stangenspargel aus dem Park
des Herzogs,
von den Gugommern und den Zuckerschäfen,
um nur einige zu nennen

Salat, also Grünfutter oder Rohkost, ist eine recht neumodische Erfindung. Im Kochbuch der Löfflerin aus dem Jahr 1795 sind gerade acht Salate aus Kräutern oder Gemüsen zu finden. Neben Spargel, Hopfen, Mangold, Bohnen und Sellerie verwandte sie »Weegwarten-Wurzeln«, »Braunkohl-Geschossen im Frühjahr«, den Krautsalat reicherte sie mit »2 schwarze und 2 weise Trauben« an, die allerdings ebenso wie das Kraut vorher gekocht werden. Bis die heute so geschätzten Vitamine auf den Teller kamen, verging noch viel Zeit, während der man die Garten- und Feldfrüchte vor allem als Gemüse auf den Tisch brachte.

Wie Mörikes Pfarrkinder an den Salat kamen und wie sie sich die Sonntagspredigt wünschten, hat der Dichter in Worte gefaßt, die er »Pastoralerfahrung« nennt.

Meine guten Bauern freuen mich sehr,
Eine ›scharfe Predigt‹ ist ihr Begehr.
Und wenn man mir es nicht verdenkt,
Sag' ich, wie das zusammenhängt.
Sonnabend, wohl nach elfe spat,
Im Garten stehlen sie mir den Salat;
In der Morgenkirch mit guter Ruh
Erwarten Sie den Essig dazu;
Der Predigt Schluß fein linde sei:
Sie wollen gern auch Öl dabei.

Müllers Küh' und Pfarrers Gartenfrüchte gediehen früher wohl am besten. Die Kühe, weil sie genügend zum Fressen hatten, die Salatköpfe, weil der geistliche Gärtner genügend Zeit für ihre Pflege und Kenntnisse von besonders geeigneten Setzlingen und Sämereien hatte. Zumindest auf der Schwäbischen Alb haben Pfarrer für die Verbesserung der Landwirtschaft einiges getan. Obstbau, Bienenzucht und verschiedene Düngeverfahren waren die Spezialgebiete der Studierten, die sie an ihre Pfarrkinder oft mit Erfolg weitergaben. Karfiol (Blumenkohl) und Gelbe Rüben wuchsen zuerst im Pfarrgarten, ehe sie feldmäßig angebaut wurden. Pfarrer Steeb in Grabenstetten schrieb über diese Bemühungen das Buch »Von den Verbesse-

Auf dem Wochenmarkt kauft man Obst und Gemüse oft noch direkt vom Bauern

rungen der Cultur auf der Alb«, das 1792 in Stuttgart erschien. Er gehörte mit zu denen, die den Gebrauch der Sense anstelle der Sichel empfohlen haben.

Nicht immer gab es im Pfarrgarten so wunderliche Gestalten wie den »Haselnußpfarrer« aus Ottilie Wildermuths »Schwäbischen Pfarrhäusern«: »So ging er denn, ihn dort aufzusuchen und dachte sich einen ehrwürdigen Herrn, zwischen Blumenbeeten und Obstbäumen umherwandelnd. Dem war aber nicht so und einen solchen Garten hatte er noch nie gesehen. Ein halb Viertelmorgen war mit lauter Haselnußstauden, hohen und niedrigen, bepflanzt, nichts dazwischen als schmale Pfade. Inmitten dieser Haselnußwildnis wandelte der Pfarrer, eine dürre, starkknochige Gestalt mit einer bedeutend roten Nase und lederbraunem Gesicht, und erspähte prüfenden Auges den Grad der Reife der Nüsse«. Die Nußernte lagerte im stets verschlossenen Studierzimmer des Seelenhirten und die kräftige Gesichtsfarbe verdankte er dem Krug Rotwein, den er allabendlich leerte, während er die Nüsse verzehrte und hin und wieder Baßgeige spielte.

Spargel und Hopfensprossen

Doch nicht allein die Pfarrgärten waren Ausgangspunkt für manches Küchenkraut. Wie anfangs Kartoffeln und Mais, so wurden auch andere nahrhafte Gemüse zuerst in den Fürstengärten angebaut. Man ergötzte sich an Geruch, Farbe oder Form der Pflanze, an ihren Nähr- oder Gesundheitswert hat man erst später gedacht. Die Endivie, eine Base der Zichorie, erschien 1565 als Zögling des Herzoglichen Lustgartens. Ebenso wurde dort das Gurkenkraut, auch Borretsch genannt, als botanische Seltenheit gepflegt. Das Salatkraut mit den blauen Blüten ging jedoch bald in die Bauerngärten über, wilderte aus und kann heute an so mancher Schutthalde angetroffen werden. Eines der herrlichsten Gemüse aber, das wir dem Fürstengarten verdanken, ist der Spargel.

Die ersten Spargelbeete in Deutschland wurden 1565 im Stuttgarter Lustgarten angelegt. Bald darauf wurde Ulm Spargelzentrum. Im »Appetitlexikon« des ausgehenden 19. Jahrhunderts kann man nachlesen, daß in Norddeutschland allgemein der weiße Spargel angebaut wird, während in den übrigen Ländern aber der Ulmer oder grüne Spargel vorherrscht. Dieser Ulmer Spargel darf fünfzehn bis achtzehn Zentimeter aus dem Boden wachsen, ehe man ihn nur fünf bis neun Zentimeter tief im Boden abschneidet.

Ulms Bedeutung als Spargelzentrum erwähnt auch das Ulmer Lied, das mit

Spargala, Wargala
Spätzle und Salat
Schwobeland, lustigs Land
Ulm, du schöne Stadt.

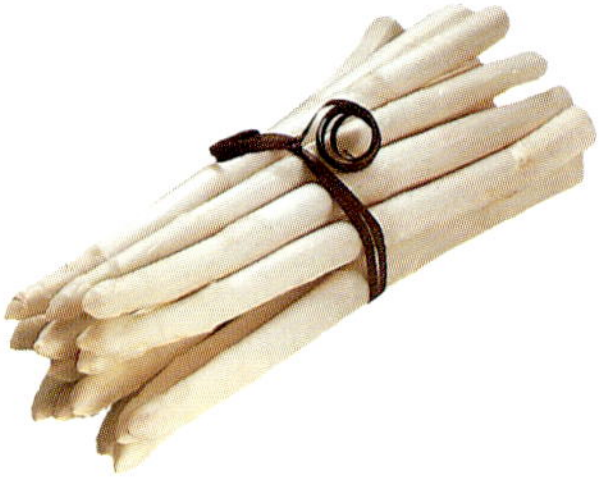

beginnt. Diese Spargala, zu denen die Wargala, die Schupfnudeln, gut passen, gedeihen überall, wo auch Tabak angebaut wird. Beide Pflanzen lieben einen sandigen Boden, ein mildes und warmes Klima, und eine ausreichende Luftfeuchtigkeit. Die Spargelanpflanzungen bringen erst im dritten Jahr einen Ertrag, können dann aber bei richtiger Pflege rund zehn Jahre Frucht tragen.

Neben den heute bekanntesten Anbaugebieten bei Schwetzingen und Bruchsal gibt es kleinere, geheime Spargelgegenden, die die Liebhaber der deliziösen Stangen gern für sich behalten. Zu diesen »Geheimtips« zählt das Hanauerland zwischen Kehl und Achern. Spargelkenner aus dem Neckartal gingen früher nach Pleidelsheim, um die fleischigen Schößlinge an Ort und Stelle zu essen oder beim Bauern am Feldrand zu kaufen. Auch diese Gemeinde am Neckar ist ein Beispiel für die Allianz zwischen Spargel und Tabak.

Den Asparagus officinalis ißt man hierzulande am liebsten mit neuen Kartoffeln und Butter. Die besten Frühkartoffeln des Neckartales kamen noch vor Jahren aus Lauffen, der Geburtsstadt Hölderlins. Zu den Kartöffele kann man, wenn man ganz aushausig sein will, noch ein Stück Schwarzwälder Schinken geben. In Kombination mit Flädle und Briesle ist Spargel ebenfalls sehr beliebt. Seine Saison beginnt Anfang Mai und dauert bis zum 29. Juni, dem Kirschenpeter (Peter und Paul). Die Merkregel dazu heißt »Kirschen rot, Spargel tot!«

Und der konservative Schwabe hält sich an solche Regeln. Ebensowenig wie er an Weihnachten Erdbeeren essen möchte, will er an Ostern Spargel auf dem Tisch haben. Ein Besinnen auf jahreszeitliche und frische Zutaten ist eine Stärke der traditionellen Küchen, was auch die Koch-Päpste zunehmend erkannt haben. Gerade beim Gemüse, das möglichst gartenfrisch sein sollte, ist kritische Auswahl besonders notwendig. Wer Großmutters einfache Gerichte als überaus köstlich in Erinnerung hat, darf nicht vergessen, daß die Zuckererbsen frisch vom Strauch kamen, die Eier von den im Hühnerhof scharrenden Mistkratzerli stammten und die Kräuter direkt aus dem Beet in die Suppe wanderten.

Eine regionale Spezialität, die man nur in Hopfenanbaugebieten kennt, ist ein dem Spargel entfernt ähnliches Gemüse, das aus Hopfensprossen zubereitet wird. In Tettnang (wo man auch den Spargel sehr schätzt) bereitet man diese wohlschmeckende Frühlingsspeise, die aus den Trieben der Hopfenpflanzen zubereitet wird. Aber auch die gesunden, eiweißhaltigen Schwarzwurzeln sind dem königlichen Spargel in Aussehen und Geschmack ähnlich. Wenn man sie von ihrer schwarzen Außenhaut befreit hat, werden sie in Essigwasser gelegt und dann gekocht. Leider serviert man sie meist in einer weißen Soße – was dem Geschmack abträglich ist.

Laubfrösch und Spinat

Spinat, den viele Hausfrauen leider nur durch den Fleischwolf gedreht servieren, wird hierzulande hin und wieder besser behandelt. Die Laubfrösch, die auch Bietigheimer Laubfrösch heißen, sind ein schmackhaftes Beispiel dafür. Man verwendet die leicht blanchierten Spinatblätter als Umhüllung für eine Fülle, die der Maultaschenfülle nicht unähnlich ist – die Laubfrösche sind die Krautwickel des Frühlings. Beim Garen darf man sie auf keinen Fall wenden, denn sonst bleibt die Oberfläche nicht so grün, wie das der Name verlangt.

Warum die Laubfrösch gerade mit Bietigheim in Verbindung gebracht werden ist nicht völlig geklärt. Klar ist, daß das Rezept für diese Gemüse-

Laubfrösche

Fleisch-Kombination bereits 1801 in einem Augsburgischen Kochbuch auftaucht und dort schon Laubfrosch heißt. Nach diesem alten schwäbischen Rezept werden die aus Mangold oder Spinat geformten Röllchen sogar in einer tönernen Froschform gegart.

Ähnlich wie Spinat bereitete man den Wirsing zu, auch Werschich oder Kehl genannt. Meist wurde er verwellt (blanchiert), kleingehackt und dann in einem »Mehle« gekocht. Auch der Böbbeleskehl, der Rosenkohl, wurde selten ohne Mehl zubereitet, dafür aber hin und wieder mit Eßkastanien vermischt aufgetragen, eine Spezialität, die man vor allem in den an die Pfalz angrenzenden Landstrichen kennt.

Das unvermeidliche „Mehle"

Im Umgang mit Gemüse haben die Schwaben keine besonders leichte Hand. In seiner Beschaffenheit erinnerte es häufig an das Wort, dem es seinen Namen verdankt, an Mus. Es ist ganz gut, daß man mit den Brauch, ein »Mehle« zu machen Schluß gemacht hat. Auf das Mehle, früher unvermeidlich, weil alles Gemüse mit einer Mehlsoße angedickt wurde, verzichtet man heute aus Kaloriensspargründen weitgehend. Wenn eine Bindung nötig ist, kann man sie nicht unbedingt kalorienärmer, aber schmackhafter mit Sahne, Butter oder Crème fraîche erreichen. Für die Bratensoße allerdings, die man sich sehr sämig wünscht, ist ein Trick aus Omas Kochkiste wieder zu Ehren gekommen: man kocht mit dem Braten eine oder zwei Scheiben Brot mit – so bekommt die Soße die richtige Konstistenz und keinen Mehlgeschmack.

Auch Kohlrabi mußten früher, ebenso wie Blumen- oder Rosenkohl in einer weißen oder braunen Soße schwimmen. Beim Kohlrabi machte man diese Sünde insofern wieder gut, als man häufig die grünen Blätter mitverwendete und so die Soße schmackhafter und gesünder wurde. Vom Mehle verschont blieben eigentlich nur Blau- und Weißkraut, das Sauerkraut bekam durch eine geriebene rohe Kartoffel mehr Sämigkeit. Der Rotkohl, der bei uns Blaukraut heißt – jeder kennt den Zungenbrecher »Blaukraut bleibt Blaukraut und Brautkleid bleibt Brautkleid« – wird mit einem ordentlichen Schuß Essig, Most oder Wein gekocht.

Die badischen Köchinnen, Köche, Hausmänner und -frauen haben es auf diesem Gebiet leichter. Ihre Gemüsetradition ist älter und besser. Die enge Nachbarschaft zu Frankreich erklärt vielleicht, warum in der Südwestecke die Küche leichter und, zumindest was die Verwendung der verschiedenen Gemüse betrifft, vielfältiger ist.

Brockele und Schäfe

Eine unheilige Allianz bilden die »Brockele und Gelerübe«, also Erbsen und Möhren, besonders in der zerkochten Form, in der sie als Mischgemüse in zahlreichen Restaurant angeboten werden, womöglich noch zu Spätzle. Der Ausdruck »Brockele« kommt vom »Ausbrockeln«, dem Puhlen der Erbsen. Es ist wie so manches mundartliche Wort lautmalerisch. Man hört die grünen Kügelchen, wie sie in die Schüssel poltern.

Brocken tun die Schwaben ohnehin gern. Einbrocken und Auslöffeln gehört nicht zu den Strafen sondern zu den Lieblingsbeschäftigungen. Allerdings liegt das auch daran, daß sich vielfach altes Brot und schlechte Zähne nicht vertragen, es sei denn man brockt ein. Eintunken dagegen ist das, was man im Norddeutschen stippen nennt. Dabei fällt das Brot nicht völlig in die

Flüssigkeit, sondern wird nur eingetaucht – eine Ernährungsweise, die man heute fast nirgends mehr kennt.

Besonders fein sind die Zucker-Erbsen, auch Zuckerschäfen oder -schiefen genannt. In alten Kochbüchern findet man auch den Begriff Schotten für die zarten Erbsen, die man schon damals nicht genug rühmen konnte. Die Löfflerin weiß einen Rat, wie man die raren Zuckererbsen durch einen Trick »vermehrt«: »Ehe die Schäfen ins Blühen kommen, werden die zarten Blättlein, welche der Blüte nichts schaden abgebrochen, und wie die Schäfen selbst behandelt. Sie können im Frühjahr als ein rares Gemüß aufgestellt werden, welches den Geschmack der Schäfen wirklich hat.« Heute kann man Schotenerbsen fast nur dann zubereiten, wenn man sie im eigenen Garten hat. Einige Stunden nach dem Pflücken sind sie nicht mehr zart und frisch genug.

Das herrlichste aller schwäbischen »Gemüse«: Linsen und Spätzle

Linsen, das schwäbische Leibgericht

Der Inbegriff eines schwäbischen Gemüsegerichts sind sicher Linsen mit Spätzle. Auch Sauerkraut mit Spätzle und Apfelmus mit brägelte Spätzle wird der Schwabe wahrscheinlich für ein Gemüsegericht halten. Im oberrheinischen Kochbuch von 1811 sind Schnitz, gedörrte Birnen und anderes Dörrobst unter der Rubrik »Gemüse« aufgeführt. Man kocht sie zusammen mit Speck oder Rindfleisch und wenn sie dadurch nicht fett genug werden, gibt man noch Butter darüber, ehe man sie zu Tisch bringt.

Die Linsen, für die schon der biblische Esau sein Erstgeburtsrecht eintauschte und die Aschenputtel so sehr zu schaffen machten, werden in unserer Gegend schon seit Urzeiten angebaut. Das Landesdenkmalamt fand in einer ethnobotanischen Untersuchung bei Fellbach-Schmiden heraus, daß man vor rund 6000 Jahren hier vor allem Emmer und Einkorn anbaute, beides Verwandte des Weizens. Dazu kam Nacktgerste, eine altertümliche Getreideart, die man bis vor 100 Jahren noch auf den Äckern bei uns fand. Mit einiger Sicherheit bauten die Jungsteinzeitbauern außerdem noch Leinsaat, Erbsen sowie eben die urschwäbischen Linsen an. Aus dem Weizenmehl und den Linsen konnten sie also theoretisch schon vor 6000 Jahren das schwäbische Leibgericht herstellen.

Erbse, Bohne, Lense,
wie mr's kocht so sen se,

lautet eine schwäbische Küchenweisheit und behält damit in jedem Fall recht. Linsen bereitet man hierzulande wie in vielen anderen Kulturen auch als Salat zu. Die neue Küche hat Linsensalate wieder für sich entdeckt und mancher Schwabe, der auf seine alten Tage Feinschmecker wurde, muß feststellen, daß er Omas verhaßten Linsensalat nun in den Drei-Sterne-Tempeln wiederfindet. Allerdings mit Wachtelbrüsten und Langusten als Beilage – einst waren es Bauchlappenstücke.

Sellrich- und anderer Salat

Salat, also Kopfsalat, kommt heute vielfach von der Insel Reichenau. Auf dieser Insel im schwäbischen Meer, das eigentlich badisches Meer heißen müßte, denn die Schwaben haben nur einen kleinen Uferanteil, legte der Mönch Walafrid von Strabo um 830 seinen berühmten Hortulus an. Dieses »Gärtle« war für spätere Kloster-, Apotheker- und Bauerngärten richtungsweisend. Viele Merkmale dieses frühen Kräutergartens findet man heute in den wenigen noch erhaltenen und in den neugestalteten Bauerngärten.

»Die Gärten unserer bürgerlichen und bäuerlichen Großväter haben eine eigentümliche, heimliche Schönheit. Ganz anspruchslos als Nutzgarten angelegt, in schnurgeraden, winkelrechten Linien, nötigenfalls auch in Terrassen, mit niedlichen Buchshecken um die Beete, einem Holzlattenzaun oder noch lieber einer Mauer um das Ganze, mit einer Laube oder einem Rebengang auf einem Gestell von hellgestrichenen Latten oder einem geschlossenen Häuschen, das womöglich über die Gartenmauer schaut.« So poetisch beschrieb 1908 die »Volkstümliche Kunst aus Schwaben« die alten Bauerngärten, die man damals wohl noch häufiger antraf.

August Lämmle sagt über den Salat: »Je nach Jahreszeit ißt man in Schwaben, immer mit Wohlbehagen, Ackersalat, Häuptlessalat, Kressichsalat, Lattichsalat, Endiviensalat, ferner Bohnen-, Gurken- und Rettichsalat, Salat aus Roten Rüben, aus Tomaten und besonders gern den König der Salate, der die Ehre hat, im Tanzlied zu dem Biedermeier-Schottischen vorzukommen:

Jetzt kocht mr mei Muetter
en Sellrich-, en Sellrich-,
etz kocht mr mei Muetter
en Sellrichsalat!

Bohnen und Gugommern

»Bohnen – des Herzens Kronen« reimte Großmütterchen und brachte ein fast fleischloses Gericht aus grünen Bohnen auf den Tisch. Zu allem Überfluß wurden sie oft sauer zubereitet – nicht gerade jedermanns Leibspeise. Zusammen mit Spätzle waren grüne Bohnen eine unmöglich anmutende, aber keineswegs ungewöhnliche Leibspeise. Wer es gut meinte, gab noch durchwachsenen Speck und ein Stück Ochsenwade in die Brühe, in der die Bohnen gekocht wurden. Mit Essig abgeschmeckt wurde das ganze als Eintopf serviert. Für den Wintervorrat hat man die Hocker- und Stangenbohnen in Flaschen eingemacht. Um sie aus ihrem Vorratsgefäß wieder herauszuholen, brauchte man ein Bohnenhäkle, ein Utensil, das man mit viel Glück noch in der Schublade eines alten Küchentisches findet – neben aufgerollten Paketschnüren, Einmachgummis, Flaschenkorken, Streichhölzern, Kerzenstumpen und – neuerdings – Plastiktüten. Man kann ja nie wissen, wozu man das alles einmal brauchen kann.

Blieben die Bohnen länger am Stock, bewahrte man die Bohnenkerne für den Winter auf. Daß man sie auch als Murmelersatz, zum Spielen in der Schempfelstub (schempfeln ist ein altes Wort für spielen) nehmen konnte, sollte man sparsamen Müttern nicht allzu deutlich zeigen. So eine gefleckte Feuerbohne hatte durchaus ihre Reize. Allerdings weniger in der Schüssel.

Zu den Gemüsen zählen hierzulande auch die Gurken, Gugommer genannt. Man ißt sie als saure Gürkle zum Vesper, zu Siedfleisch oder zu Leberwurst und gartenfrisch als Gemüse. Der schwäbische Name Gugommer kann auf eine langweilige Zeitgenossin angewendet werden. Er ist jedoch nicht richtig böse gemeint und muß auch als Übernamen für die Einwohner von Miedelsbach bei Schorndorf herhalten. Daß man hierzulande das Wort Gugommer verwendet, zeigt nur, wie international das Schwäbische ist. Englisch heißt die Gurke cucumber, französisch concombre, botanisch cucumis. Auch der Breschling oder Prästling, der hier für die Gartenerdbeere steht, hat gebildete Vorfahren. Man vermutet, daß das lateinische Wort praestare in der Bedeutung von voranstehen dem Garten-Erstling zum Namen verholfen hat.

Die Schlangengurken, die auf einem gut mit Kompost aufbereiteten Beet zu ungewöhnlicher Größe anwachsen können, sind in guten Zeiten schon fast kein Segen mehr. Kein Wunder, daß man sie zusammen mit Bechamelkartoffeln kocht, unter den Kartoffelsalat mengt oder mit einer Fülle versehen zu Tisch bringt. Senf-, Salz- und Teufelsgurken sind eine weitere Möglichkeit, ausgewachsene Gurken zu konservieren. Für die Essiggürkchen nimmt man die grünen Früchtchen unreif vom Stock.

Manche Namen für hiesige Gartengewächse bedürfen der Erklärung: Rompele sind kleine Zwiebel, auch Steckzwiebeln genannt. Röhrle oder Rairle sind nicht nur Gummistiefel, sondern auch das Grün der Frühlingszwiebel, das man für den Röhrleskuchen verwendet. Rote Rüben sind Rote Beete, Gelbe Rüben heißen anderswo Karotten oder Mohrrüben. Wer von einem Rettichschneider spricht, meint damit meist ein kleines motorisiertes zweirädriges Gefährt, für kleine Vierrädrige heißt der analoge Ausdruck Schnogahuschter. Dem sonst so prosaisch klingende Ackersalat kann man im Badischen mehr Charme abgewinnen, dort heißt er »Sunnewirbele«.

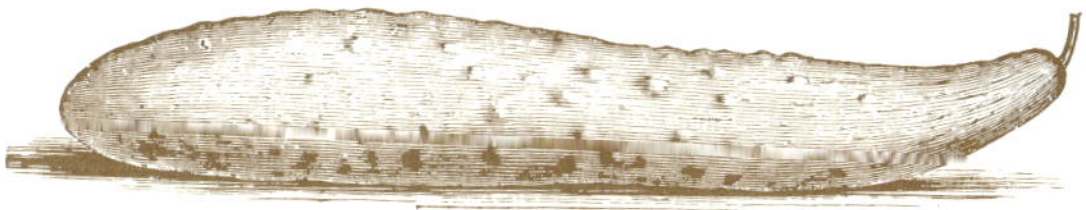

Laubfrösche

20–24 große Spinatblätter *kochendes stark gesalzenes Wasser*	*Die vom Stiel befreiten Spinatblätter kurz in kochendem Salzwasser blanchieren, herausfischen und kalt überbrausen.*
2–3 altbackene Brötchen *1 Zwiebel* *Petersilie* *Butter*	*Von den Brötchen die Rinde abreiben, einweichen, gut ausdrücken und zusammen mit den gehackten Zwiebeln und der feingehackten Petersilie in Butter dämpfen.*
250 g Bratenreste	*Die Bratenreste durch einen Fleischwolf drehen oder in feine Würfel schneiden und ebenfalls an die Zwiebel-Brötchenmischung geben.*
2 Eier *Salz* *Pfeffer* *Muskat*	*Eier zusammen mit den Gewürzen unter die Füllung kneten, abschmecken.*
Butter *Fleischbrühe*	*Auf die ausgebreiteten Spinatblätter je einen EL Fülle geben, die Blätter von links und rechts einschlagen und aufrollen. Butter in einer Kaserolle heiß werden lassen, die Laubfrösche mit den Enden nach unten hineinstellen und mit etwas Fleischbrühe angießen. Etwa 20 Minuten garen lassen.*

Hopfensprossen als Salat

500 g Hopfensprossen *kochendes Salzwasser*	*Die Hopfensprossen waschen, holzige Teile entfernen, braune Stellen abschälen und die Sprossen, wenn nötig in mundgerechte Stücke schneiden. In Salzwasser garen (etwa zehn Minuten).*
Öl *Essig* *Salz* *Pfeffer*	*Abkühlen lassen, noch lauwarm mit einer Marinade aus Essig, Öl, Salz und Pfeffer übergießen, einige Zeit ziehen lassen.*

Gurkengemüse

3 Gurken *Salz*	*Die Gurken schälen, in dicke Scheiben schneiden, salzen.*
40 g Speck *10 g Butter* *Zwiebel*	*Den Speck würfeln, in Fett auslassen, feingehackte Zwiebel zugeben und dämpfen bis sie gelb sind.*
2 EL Essig	*Mit dem Essig ablöschen, dann die Gurken zugeben, wenn nötig noch etwas Wasser. Bei geschlossenem Deckel weiter dünsten, bis die Gurken gar sind.*
2 EL Rahm *Salz* *Pfeffer* *gehackter Dill*	*Rahm zugeben und mit Salz und Pfeffer abschmecken. Gehackten Dill über das Gemüsegericht geben, das zu Kartoffeln und Bratwürsten oder Fleischküchle gut paßt.*

In alten Rezepten wird das Gurkengemüse auch mit einer braunen Soße zubereitet. Vielfach halbiert man die Gugommern, entfernt die Kerne und schneidet sie dann in daumengroße Stücke. Eine Zugabe von Tomaten, Nelken und Lorbeerblättern ist ebenfalls üblich.

Spargel

1 kg Spargel *Salz* *Zucker* *Öl*	*Spargel waschen, die unteren, holzigen Enden abschneiden und vom Köpfchen abwärts schälen. Mit Küchengarn in Portionen bündeln und in reichlich kochendem Salzwasser, dem etwas Zucker und ein Schuß Öl zugegeben wurde, kochen. Sie sind nach 15–25 Minuten gar – je nach Dicke. Eine Garprobe empfiehlt sich hin und wieder, denn keinesfalls sollte das zarte Gemüse zu lange gekocht werden. Man richtet sie mit zerlassener Butter, neuen Kartoffeln an. Eine dicke Scheibe Schwarzwälder Schinken rundet das Gericht ab.*

Rettichsalat

5 mittelgroße Rettiche	*Die Rettiche gut waschen, schaben und fein schneiden oder hobeln.*
1 EL Salz *Essig* *Öl* *Pfeffer* *Schnittlauch oder Zwiebel*	*Einsalzen und etwa eine Viertelstunde stehen lassen. Etwas von dem Rettichsaft abgießen, dann mit einer Öl-Essig-Marinade übergießen, mit Pfeffer würzen und gehackten Schnittlauch oder Zwiebel drangeben.*

Man bereitet den Rettichsalat häufig auch mit geriebenen Rettichen zu.

Süßes

Von nackten und angezogenen
Dampfnudeln
vom Pfitzauf und dem Ofenschlupfer
und vom Inhalt des
Maukeneschts

Genascht wird heute – wie damals – eher heimlich, doch heute hat man dafür andere Gründe. Früher versteckte man sich vor Mit-Essern oder Neidern, heute fürchtet man den eisigen Blick längst entwöhnter Gesundheitsapostel und ernäherungsbewußter Zeitgenossen. Halbwegs zulässig ist die Zufuhr von Süßigkeiten in Form von Nachtischen, die bei den Suppenschwaben nicht fehlen dürfen. Nicht nur die Kinder fragen hierzulande schon bei der Suppe: »Und was gibt's zum Nachtisch?«

Neben vielerlei Backwerk und Eierspeisen sind es vor allem Puddings, Flammeries, Aufläufe und die Schodosoße, die Weinschaumsoße, die den Alltag versüßen. Eingemachtes kann ebenfalls den Abschluß eines Essens bilden. Bewährte Rezepte für Birnen aus dem Glas mit Schokoladesoße, Apfelmus mit Mandeln und Rahm überbacken, Kirschen oder Zwetschgen zum Eis, Beerenfrüchte zu Brot- oder Grießpudding ermöglichen auch der sparsamen Hausfrau, abwechslungsreiche Süßspeisen auf den Tisch zu bringen.

Wohlgefüllte Kellerregale und eine Truhe voller Schnitz' sind eine wichtige Voraussetzung für das Gelingen der bodenständigen Desserts. Viele Kuchen und Torten werden ebenfalls mit hausgemachtem Obst, mit Marmelade und Gelees gefüllt, glasiert und verziert. Ein schönes Beispiel für eine traditionelle Süßigkeit, die im Maukenescht ebenso zu finden war wie auf dem bunten Weihnachtsteller sind die Quittenbrötle oder Quittenpaste. Aus Quitten, dieser immer seltener werdenden Frucht, haben unsere Großmütter Marmeladen, Kompotts, Säfte und Gelees gemacht. Auch dem Apfelkompott verleiht die Quitte ein besonderes Aroma. Die hartschaligen Gewächse duften gut und sind lange lagerfähig. Alleine oder zusammen mit Äpfeln können sie als Kuchenbelag dienen. Dem Ofenschlupfer, einer schwäbischen Spar-Spezialität aus nicht mehr ganz frischem Weißbrot, Äpfeln, Rosinen und manchmal auch Quark, können Quitten ein interessantes Aroma verleihen.

Pfitzauf und Dampfnudeln

Nicht immer kann man so tief in den Schleckhafen greifen und nur süßes Zuckerzeug auf den Tisch bringen. Oft tun es Mehl- oder Eierspeisen, bei denen man mit einer Prise Zucker auskommt. Schließlich war Zucker lange Zeit ein Luxusprodukt, das sich nur reiche Leute leisten konnten. Erst mit dem Aufkommen des Rübenzuckers, dem viele Bauern hierzulande ihr Auskommen verdanken, stand der Zuckerhut auch in den Speisekammern der Bürger- und Bauernhäuser. Die Zuckerdosen allerdings trugen noch lange ein Vorhängeschloß, so kamen Gesinde und Kinder erst gar nicht in Versuchung.

Einen Versuch wert sind selbst für verwöhnte Esser die guten alten Pfitzauf. Sie werden in tönernen oder blechernen Modeln gebacken. Sie waren eher Nachtisch als Kaffeegebäck, man ißt sie wie Dampfnudeln warm zu Kompott. Kalt kann man sie mit Schlagsahne füllen – aber das ist ein arger Luxus. Abgesehen davon sind sie ein gefährliches Backwerk, weil sie während des Backens plötzlich aufschießen. Daher haben sie ihren lautmalerischen Namen, den man auch auf cholerische Mitmenschen anwenden kann.

Nicht weniger heikel ist auch die Zubereitung von Dampfnudeln. Die mangelhafte Beschaffenheit ihrer Kruste gab schon häufig Anlaß zu furchtbaren häuslichen Krächen. Außerdem haben sie die unangenehme Eigenschaft, innerhalb kürzester Zeit »zusammenzusitzen«, selbst wenn sie bereits bildschön aufgegangen waren. Dampfnudeln gibt es in zweierlei Gestalt: nackt und angezogen. Die Nackten werden »aufgezogen«, in einem gut verschlossenen Topf im Dampf gegart, die anderen, die angezogenen, sind eine Art Heißwecken und werden im Ofen gebacken. Beliebter sind die nackten, nicht nur bei Kindern. Zusammen mit Dörrobst oder Karamellsoße sind sie ein einfacher, aber heute schwer zu bekommender Nachtisch.

Grießschnitten, oft nur »Schnidde« genannt, gehören eher zu den schlichteren Genüssen, die man im Handumdrehen zubereiten kann. Die Schnitten sind so kompakt, daß sie ein vollständiges Essen ersetzen können. Dicker Grießbrei wird auf einen Teller oder ein Brett gestrichen, rhombenförmig ausgeschnitten und dann paniert und gebraten. Mit Dörrobst oder eingemachten Früchten angereichert sind sie ein habhaftes Winteressen, das durch Zimt und Zucker noch angenehmer wird.

Pfitzauf mit eingemachten Kirschen

Nackete Dampfnudeln

Schwäbischer Weinschaum

Die hohe Schule der Kochkunst kennt Weinschaumsoßen in süßer und salziger Form. Wer sie in Schwaben nicht erwartet, hat vergessen, daß es hier reichlich Weißwein gibt, der sich als Grundlage für einen schaumig-leichten Nachtisch gut eignet. Die »Schodosoße« verdankt ihren Namen den Franzosen. Das »Eau chaude«, das warme Wasser, wurde nicht etwa aus Wasser, sondern im Wasserbad zubereitet. Erst fortgeschrittene Köche sollten sich daran wagen, die Soße direkt auf dem Feuer zu kochen.

Chaudeausoße, so die wohl korrekte Schreibweise, mundet allein oder als Begleitung zu Brot- und Grießpuddings wunderbar und wird sogar von Alkoholfeinden widerspruchslos geschluckt. Und während man sonst hierzulande einen staubtrockenen Wein dem süßen oder halbtrockenen »Gebäpp« vorzieht, kann in diesem Fall ausnahmsweise mal Restsüße gefragt sein. Mit einem rassigen Riesling gelingt die Soße, die man heiß und kalt servieren kann, aber genauso vorzüglich.

Gutsle und Mitbringsel

Süßigkeiten wie Gutsle und Bombole bewahrte man am liebsten im »Maukenescht« auf, einem Versteck, von dem zwar jeder wußte, das aber keiner zu plündern wagte. Süßes hat früher mehr gelockt als heute, denn Schleckereien waren knapp. Mit einem Sonntags- oder Geburtstagskreuzerle konnte man sich höchstens Bärendreck (Lakritze), Kalmus oder Süßholz vom Krämer holen, vielleicht auch ein paar Bombole, die so bunt aus den Gläsern schimmerten. Zu den Kinderseligkeiten gehörten Kraftküchle – Tropfen aus weißem oder gefärbtem Zucker – und Pfeffernüßle, die aus einem Springerlesteig hergestellt waren und wie Würfelzucker aussahen. Das höchste der Gefühle war für zehn Pfennig »Durenand«, eine Tüte voller klebriger Süßigkeiten, einmal rund durch den Tante-Emma-Laden.

Beliebte Mitbringsel sind traditionsreiche Süßigkeiten wie die Langenburger Wiebele, Aalener Spionle oder Ulmer Spatzen. Ulm scheint überhaupt eine Hochburg für Bäcker- und Konditorspezialitäten zu sein. Außer dem Nougat- und Marzipan-Spätzchen, gibt es hier noch den Ulmer Spat-

Ulmer Spatzen – ein beliebtes Mitbringsel

zendreck, eine Art Praline, und das Ulmer Alteisen, mit Kakaopulver bestreute Schokolade in Form von Sägen, Beißzangen und anderen Eisenwaren. Das Ulmer Brot, in Ulm Zuckerbrot genannt, wurde den Aussiedlern, die mit den Ulmer Schachteln die von Hungersnöten heimgesuchte Heimat verließen und die Donau hinabfuhren, als Reiseproviant mitgegeben. Heute nehmen es die Besucher, die den höchsten Kirchturm der Welt besuchen, als Souvenir mit nach Hause.

Zusammen mit dem süßen Spatz bekommen sie ein Gedichtchen, das die peinliche Geschichte von dem Dombauer, der mit einem Balken quer durchs Tor wollte, mit Humor beilegt:

Wenn ma uns mit Vergunst
Ulmer Spatze hoißt,
Macht uns des gar net bös
Weil's jo jeder woißt,
Daß die Ulmer Spatze sind
Et gar so fürchtig dumm:
Gat es net de grade Weag,
Noa dreht ma's Hälmle um

Ohne Reime kommt das Langenburger Traditionsgebäck aus, die Wibele. Die winzigen Eierschäumchen haben früher, wie manches hohenlohische Kleinbackwerk Zeltlich geheißen, Geduldzeltlich sogar, weil ihre Herstellung wohl etwas Mühe erfordert. Inzwischen sind die süßen Doppeltropfen in aller Welt bekannt. Auch die Queen bekam sie bei ihrem Besuch in Langenburg vom Bürgermeister persönlich überreicht. Die Anekdote zur Entstehung des Namens hat er ihr in bestem Englisch gleich mitgeliefert. Der Fürst von Hohenlohe-Langenburg fand eines Tages das Gebäck zum Kaffee oder Tee nicht so schmackhaft wie sonst. Er fragte nach dem Lieferanten und als man ihm einen anderen Namen als den gewohnten nannte, sagte er: »Ich will aber mein Gebäck vom Konditor Wibel, ich bestehe auf meinen Wibele.«

Mit den Aalener Spionle hat es wieder eine andere Bewandtnis. Dieses kalorienreiche Schokolade-Nougat-Marzipan-Gebäck wurde zur Erinnerung an den Aalener Spion gebacken, in der dortigen Aussprache »d'r Spion vo' Oola« genannt. Jener tapfere Mann hatte im Dreißigjährigen Krieg die Aufgabe bekommen, die Stärke des bei Schwäbisch Gmünd liegenden Feindes auszukundschaften. Der wackere Schwabe forcht sich nit und begab sich ins gegnerische Lager. Dort nach seinem Begehr gefragt, gab er brav an, die Stärke des Heeres auskundschaften zu wollen. Da hatte der böse Feind ein Einsehen und schickte den Spion mit der Kunde, eine Stadt, in der solch kluge Bürger wohnten, wolle man verschonen. Zum Dank errichtete man in Aalen ein Denkmal für den Retter. Aus dem Rathausturm läßt er seither seinen Blick weit übers Land schweifen, eine Pfeife im Mund. Er wacht über seine Heimat und trägt als Konditorspezialität die Kunde von der schönen Stadt Aalen in alle Lande.

So haben viele Städte, die etwas auf sich hielten und schon früh etwas von Werbung verstanden, sich ein solches Mitbringsel zugelegt, das in den Schaufenstern der Geschäfte Kauflust und bei den Lieben zuhause Freude wachrufen soll. In Schwäbisch Hall wartet man gleich mit einer ganzen Palette von Süßigkeiten auf: neben Steinen (anderswo Rheinkiesel genannt) sind das Päbstle, Siederle und Doovelich.

Der Spion von Aalen blickt vom Rathausturm

Ofenschlupfer

1 l Milch
6 Eier
100 g Zucker
Rum oder Rumaroma
1 Prise Salz

Milch, Eier, Zucker, Rum und Salz verrühren.

ein halbes Weißbrot
3 Äpfel
100 g Rosinen
100 g geriebene Mandeln

Die dünn geschnittenen Weißbrotscheiben zusammen mit den geschälten und in Spalten geschnittenen Äpfeln, den in etwas Rum eingeweichten Rosinen und den Mandeln lagenweise in eine feuerfeste Form geben.
Mit der Milchmischung übergießen und 20 Minuten backen lassen.

2 Eiweiß
100 g Zucker

In der Zwischenzeit die Eiweiß zu steifem Schnee schlagen, Zucker zugeben und auf dem Ofenschlupfer verteilen. Bei 180 Grad weitere zehn Minuten überbacken.

Wer auf die Schaumhaube verzichten möchte, bestreut den Ofenschlupfer einfach mit Butterflöckchen und läßt ihn insgesamt 25 Minuten im Ofen.

Aufgezogene Dampfnudeln

500 g Mehl *20 g Hefe* *etwas Zucker* *¼ l Milch*	*Das Mehl auf ein Backbrett geben, eine Vertiefung, in die man Hefe hineinbröselt machen und zusammen mit etwas Zucker und lauwarmer Milch zu einem Vorteig verrühren.*
2 Eier *80 g Butter* *50 g Zucker* *abgeriebene Zitronenschale*	*Wenn dieser gegangen ist, die übrigen Zutaten – Eier, Zucker, restliche Milch, geschmolzene Butter und die abgeriebene Zitronenschale – zufügen, kneten und durchschlagen, bis der Teig Blasen wirft. Nun zum Laib formen, mit Mehl bestreuen und gehen lassen.*
	Den fertig gegangenen Teig fingerdick auswellen, mit einem Glas runde Küchle ausstechen, auf eine bemehlte Unterlage setzen und nochmals gehen lassen.
50 g Butterschmalz *1 TL Salz* *1 EL Zucker* *¼ l Milch* *¼ l Wasser*	*In einer gut schließenden Kasserolle Fett heiß werden lassen, Salz und Zucker hineinstreuen, aufkochen lassen und die Küchle dicht bei dicht nebeneinander setzen. Mit etwa ½ l Flüssigkeit – halb Milch, halb Wasser – ablöschen. Gut zudecken, eventuell mit einem feuchten, um den Rand gewickelten Küchenhandtuch abdichten.*
	Bei mittlerer Flamme oder im Backofen »aufziehen«, das heißt backen lassen. Wenn im Topf kein Brutzeln mehr zu hören ist, rasch den Deckel abnehmen, wobei darauf zu achten ist, daß kein Wassertropfen die Pracht der »nackten« Dampfnudeln zerstört. Sie sollten eine kleine Kruste um die Füße herum haben. Zu Kompott servieren.

Quittenspeck

1 kg Quitten	*Die Quitten mit einem Tuch gut abreiben, waschen, in Stücke schneiden und in wenig Wasser weich kochen. Die Schale entfernen, dann die Früchte durch ein Sieb streichen.*
feine Zucker	*Das Quittenmark abwiegen, auf 500 g Mark 500 g Zucker hinzunehmen und so lange kochen, bis ein dicker Brei entsteht.*
Hagelzucker zum Bestreuen	*Ein Backblech einfetten, die Quittenpaste darauf streichen und ein bis zwei Tage trocknen lassen. Dann den Quittenspeck in Rauten schneiden und mit Hagelzucker bestreuen.*

Pfitzauf

4 Eier *30 g Zucker* *1 Prise Salz*	*Die Eier mit Zucker und Salz schaumig rühren.*
375 g Mehl *75 g Butter* *¾ l Milch*	*Das Mehl und die in der lauwarmen Milch zerlassene Butter langsam hinzufügen. Der Teig soll schön glatt sein. In sehr gut ausgefettete Pfitzaufformen füllen, die nur zur Hälfte voll sein sollten. Eine halbe Stunde bei mäßiger Hitze backen, dann nochmals eine halbe Stunde bei starker Hitze. Eine Tasse mit Wasser, die man in den Ofen gibt, kann die Dampfentwicklung fördern.* *Pfitzauf noch heiß aus der Form stürzen und servieren. Dazu paßt Kompott.*

Grießschnitten

1 l Milch 50 g Butter 40 g Zucker ½ TL Salz 250 g Grieß 1 Ei abgeriebene Schale einer unbehandelten Zitrone	Die Milch mit Butter, Zucker und Salz aufkochen, den Grieß einrieseln lassen. Zu einem dicken Brei ausquellen lassen, das Ei unterrühren und die abgeriebene Zitronenschale daran geben.
	Die Masse auf ein nasses Backbrett streichen und etwa fingerdick auswellen. Dann den Brei abkühlen lassen.
Fett zum Ausbacken	Aus dem Teig rhombenförmige Küchle schneiden, in heißem Fett ausbacken. Man kann sie auch vor dem Ausbacken mit Ei und Weckmehl pannieren.
Zimt und Zucker	Mit Zimt und Zucker bestreut zu Tisch bringen, dazu Kompott, Apfelmus, Eingemachtes oder Dörrobst reichen.

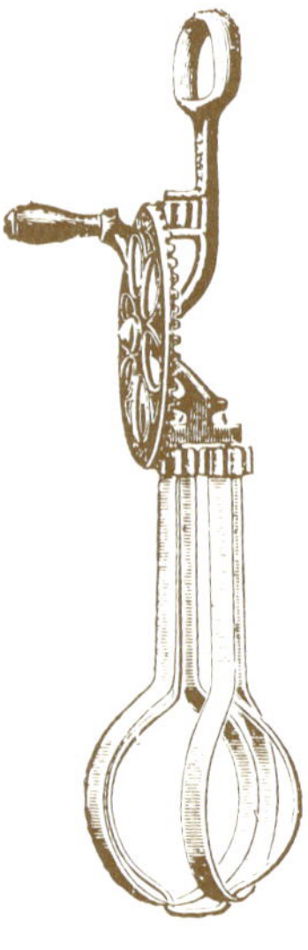

Saures

Vom eigenen Essigfäßle,
von de saure Rädle,
von de Salzgurke
und vom spitz- und rundköpfigen
Filderkraut

Sauer macht angeblich lustig, und wenn es nach dem Geschmack schwäbischer Lieblingsgerichte geht, dann müßten die Schwaben eigentlich ein recht fideles Völkchen sein. Doch anscheinend genügt die Zugabe von Essig nicht, um aus Bruddlern lustige Leut' zu machen.

Mit saure Kuttle, Sauerbraten, Sauerkraut, saure Gürkle, saure Niernle, saurer Leber, saure Spätzle, saure Kartoffelrädle, saurem Herz und saure Kalbsflecke haben Köchinnen und Hausfrauen jahrhundertelang versucht, für mehr Erheiterung zu sorgen. Für Schwaben ist das jedoch offenbar nicht der richtige Weg zu einer ausgelassenen Stimmung. Außerdem darf die Vermutung geäußert werden, daß sauer nur dann lustig macht, wenn man durstig wird und seinen Durst durch entsprechend alkoholreiche Getränke löscht. Bei den Schwaben aber, die ihren Essig häufig selber machten, wurde der Most, der vom Vesper übrigblieb, nicht ausgetrunken, sondern ins Essigfäßle geschüttet. Und so kann man auf keinen Fall lustig werden.

Ein Essigfäßle in Ofennähe gehörte früher zur Grundausstattung jedes Haushaltes. Der Most mit seinem verhältnismäßig geringen Alkoholgehalt von 6 bis 7 Prozent ist als Essigbildner bewährt. Wenn man dann noch eine Essigmutter zur Hand hat, also eine Schicht aus Bakterien, die für die Vergärung sorgen, kann dem Hausmacher-Essig nichts mehr im Wege stehen. Um den Prozeß zu beschleunigen, gab man häufig ein Stück Sauerteigbrot, das in Wein, Most oder Essig eingeweicht wurde in das Essigfaß – oder gleich ein Stück Sauerteig.

Saure Rädle, saure Kutteln

Manche der einfachen sauren Gerichte werden in der Erinnerung verklärt, man hält sie für viel wohlschmeckender als sie in Wirklichkeit waren. Das gilt für die sauren Kartoffelrädle ebenso wie für die sauren Spätzle. Gerade bei diesen Arme-Leute-Gerichten war der Essig manchmal dazu gedacht, so etwas wie einen Hautgout zu überdecken. Sicher ist aber, daß sie einen Teil ihres Reizes dem hausgemachten Essig zu verdanken hatten, der je nach Ingredienzien in jedem Haus wieder anders schmeckte und so auch den Speisen eine persönliche, unverwechselbare Note verlieh. Mit unseren heutigen »Fabrikzutaten« läßt sich das nur schwer nachvollziehen.

Mit Rädle sind im Schwäbischen immer Scheiben gemeint. Man »rädelt« Kartoffeln, Gurgen, Wurst, Rettich, gelbe Rüben, kurz alles, was einigermaßen runde Scheiben ergibt. Wer gelernt hat, daß man mit Rädle alle zweirädrigen Fortbewegungsmittel umschreibt, der wundert sich zuerst über Wursträdle oder über saure Rädle.

Noch mehr wundert sich mancher über die sauren Kutteln. Dabei steht nicht das Saure im Vordergrund, sondern die Kaldaunen, wie sie anderswo heißen. Man kann sie auf vielerlei Art zubereiten. In Königsberg und Caen, in Troyes und Wien weiß man sie zu schätzen, denn aus all diesen Städten gibt es Kuttelgerichte, die sich mit dem Namen der Stadt schmücken: Königsberger Fleck oder Kaldaunen auf Troyer Art. Auch in der Lombardei bereitet man eine nahrhafte Kuttelsuppe zu, in Florenz kann man sie heiß an einem Imbißwagen bekommen – wie sonst Wiener oder Frankfurter Würstchen. Trotzdem müssen sich die Schwaben, die gern Kutteln essen (das sind

Saure Kutteln mit Röstkartoffeln

längst nicht alle) ständig verteidigen. Hierzulande ist es noch Mode, mit dem zu kokettieren, was man nicht mag. Je länger die Liste wird, desto größer der Feinschmecker!

Natürlich ist es nicht jedermanns Sache, sich mit dem in Streifen geschnittenem Vormagen des Rindes auseinanderzusetzen. Aber wer es von Jugend auf kennt, der hat Vorurteile wegen der Herkunft des Ragouts längst überwunden. Die Konsistenz der Kuttelgerichte ist unterschiedlich. Der schwäbische Kutteltopf ist eher sämig als knackig, man kann die Kaldaunen auch so zubereiten, daß sie noch einen Biß haben. Vor allem mittelmeerische Zubereitungsarten, bei denen man reichlich Tomaten und Kräuter verwendet, erinnern manchmal an das Fleisch von Kraken. Kuttelkraut, die österreichische Bezeichnung für Thymian, zeigt, daß man sich nicht wie die Schwaben auf Essig und Lorbeerblatt beschränken muß, wenn man dem Gericht eine pikante Note verleihen will.

Daß man Essig wie ein Geiziger, dafür aber Öl wie ein Verschwender benutzen soll, ist schwäbischen Küchen- und Salatkünstlern sehr schwer beizubringen. Ein um die Jahrhundertwende erschienenes »Appetitlexikon« schreibt über den Essig: »Nur soll und darf keine Speise in Essig schwimmen, und zwar sowohl der Zunge wie des Magens wegen! Ein Koch, der sich in dieser Hinsicht öfter als ein einziges Mal vergißt, verdient statt des blauen Bandes, daß ein Mühlstein an seinen Hals gehängt und er damit in die Salatbrühe getunkt würde, wo sie am tiefsten und am allersauersten ist. Essiggenuß rötet nämlich außerdem das Gesicht noch schneller und stärker als der Genuß starker Getränke.« Ist also manche Weinnase gar kein Erkennungszeichen für leidenschaftliche Viertelesschlotzer, sondern nur auf den übermäßigen Gebrauch der Essigflasche zurückzuführen?

Saure Gürkle und Sauerkraut

Doch nicht allein mit Obst- oder Weinessig kann man säuern. Auch die Milchsäuregärung – ein bei den Schwaben beliebtes Konservierungsverfahren – macht sauer. Die eingelegten Salzgurken und vor allem das Sauerkraut werden durch dieses Verfahren haltbar gemacht.

Das Filderkraut, über das einige Doktorarbeiten geschrieben wurden, kommt von den Fildern, einer Hochebene südlich von Stuttgart, mit weitem Himmel und Blick auf die schwäbische Alb. Eine Beschreibung aus der Mitte des vorigen Jahrhunderts weiß über diesen Landstrich folgendes zu berichten: »Die Hauptnahrungsquellen der Filderbewohner sind Ackerbau, Viehzucht, Obstbau und teilweise auch Weinbau.« Während man die Felder in Dreifelderwirtschaft nutzte, um vor allem Dinkel anzubauen, sahen die Brachen folgendermaßen aus: »Das Brachfeld gleicht meist einer Gartenwirtschaft, Klee, Wickenfutter, Kartoffeln, Runkelrüben und vor allem das

Saure Gürkle

sogenannte Filderkraut (weißer Kohl, Spitzkohl) werden in Mengen angebaut. Von Letzterem werden in den einzelnen Gemeinden bis zu einer Million Stück, ja noch mehr gepflanzt, und nicht bloß in die nächste Umgebung wird diese echte Schwabenspeise, ohne die es eigentlich für den Schwaben gar nicht Sonntag gewesen wäre, verwendet, nein, es wird das Filderkraut weithin und allerwärts verkauft. Und da für das Hundert gemeinhin 2 bis 5 Gulden bezahlt werden, so läßt sich leicht benehmen, welch reichliche Erträgnis dem Landwirt schon hierdurch gewährt wird. Schlägt doch allein in Bernhausen die jährliche Einnahme für Kraut zu 16000 Gulden im Durchschnitt an! In vielen Orten besitzt fast jeder Bürger einen Gemüsegarten, in welchem im Frühling Krautsetzlinge gepflanzt werden, durch deren Verkauf ebenfalls namhafter Erlös erzielt wird, ebenso wird Krautsamen gezogen und auswärts abgesetzt.«

Rund- und Spitzköpfe

Wer heute vom Landesflughafen aus in die weite Welt startet, kann fast nicht mehr glauben, daß dies eine völlig von der Landwirtschaft beherrschte Region war. Doch im Herbst sieht man aus großer Höhe noch auf die grünen und blauen Krautfelder der Filder, und viele Schwaben, die zum ersten Mal geflogen sind, haben verwundert berichtet, daß man sogar aus der Höhe die Krautköpfe hätte zählen können.

Das Spitzkraut, einst eine besondere Spezialität und typisch für die Filder, hat einen schweren Stand. Ihm werden längst die rundköpfigen Krautsorten vorgezogen, weil die sich leichter maschinell verarbeiten lassen. »Für die Sauerkrautindustrie kommt er wegen seiner verarbeitungsfeindlichen Kegelform nicht mehr in frage« heißt es in bestem Neudeutsch über den einst so beliebten Spitzkopf. Daß er in jüngster Zeit trotzdem wieder verstärkt angeboten wird, liegt daran, daß König Kunde danach verlangt, denn der frische Spitzkohl ist besonders zart und aromatisch. Krautspätzle, Weißkraut, Krautwickel und eigenes Sauerkraut sind wieder gefragt, und zu ihrer Herstellung ist der Spitzkohl unübertroffen.

Der nicht allen Nasen angenehme Duft von Erstkraut – wie man das frische Sauerkraut nennt – zieht noch immer über die inzwischen reichlich industrialisierte Filderebene. Im Herbst 1984 stand das Kraut so gut im Saft, daß die Fabriken nicht mehr wußten, wohin mit dem Sauerkrautabwasser. So ließen sich manche zu einer Umweltsünde hinreißen, indem sie die Brühe in die Kanalisation abließen oder per Tankwagen auf den Feldern verteilten.

Jetzt will man vom Amts wegen eine Neutralisierungsanlage für die sauerstoffzehrenden Abwässer schaffen.

Mit der industriellen Herstellung des Krautes sind die Zeiten der Krautstände und der Krautweible vorbei. Früher hat man das Sauerkraut für den Haushalt selbst zubereitet, kaufte die dafür nötigen Spitzköpfe beim Bauern vom Wagen herab und machte sich ans Einschneiden. Es gab aber auch ambulante Krautweiber, die mit Hocker und Hobel von Haus zu Haus zogen und das nahrhafte Wintergemüse kleinschnitten und ins Faß stampften.

Doch ganz so einfach, wie sich das anhört, ist die Herstellung des Krautes nun auch wieder nicht. Das eigene Sauerkraut verlangt Pflege. So muß man mindestens einmal in der Woche eine Schicht abnehmen, es öfter waschen, nachsalzen und nachstampfen, wenn es sich den Winter über halten soll. Einem alten Volksglauben zufolge mußte man, wenn jemand im Haus gestorben war, Most- und Weinfässer und vor allem die Krautstände »verschittla«, also durchrütteln, sonst drohte der Inhalt zu verderben.

Sonntags- und Werktagskraut

Eine Festtagsspeise war das Kraut eigentlich nicht, eher ein Alltagsgericht. Vom Sonntag erwartete man sich oft etwas anderes als Kraut und Spatzen. Wenn das in vielen Familien nicht möglich war, so unterschied sich das Sonntags- vom Werktagskraut durch die Beigabe eines Bauchläpples, eines Ripples oder eines anderen fetten Fleischstückes. Das Kraut wurde in großen Mengen gekocht und reichte dann fast die ganze Woche über. Es

Krauthobel und Krautständle findet man nur noch in wenigen Haushalten

Wichtig für die heimische Sauerkrautbereitung: gut stampfen

hatte außerdem den Vorteil, daß es fast ohne jedes Zutun garte. Es kam der sonntäglichen Kirchgängerin entgegen, daß die Kachel mit dem Sonntagskraut im Ofen vor sich hin schmorte und nur die Krautschmälznerin den Gottesdienst eilig verlassen mußte, um noch etwa Fett ans Kraut zu tun, damit es bereit war, wenn Familie und Gesinde aus der Kirche kamen.

Vom Kraut als Arme-Leute-Essen zeugt auch der Spruch: »Besser a Laus em Kraut als gar koi Fleisch!« Auch das Angebot: »Laß mi meine Küchle en deim Schmalz bache, no derfsch au amol dei Fleisch em meim Kraut koche« spricht für die Sparsamkeit der Schwaben. Doch nicht immer steckt hinter solchen Sprüchen nur Geiz, auch die Armut kann so gut versteckt werden.

Auch dann, wenn kein Knöchle, Bauchläpple oder Ripple das Sauerkraut anreicherte, machte sein Gehalt an Vitamin C es vor allem im Winter zu einem unersetzlichen Bestandteil in der Küche von Armen und Reichen, Land- und Stadtleuten. Kein Wunder, daß Bezirkskantor Emil Kübler aus Musberg in seiner Sauerkrautkantate reimt:

O Sauerkraut, du Gaumentröster,
du aller Lebensfreude Bester.
Laß nie vergehen deinen Duft,
der uns zur vollen Schüssel ruft!

Sauerkraut, siebenmal aufgewärmt, war nicht nur schmackhaft, sondern auch sehr fett. Die Beliebtheit der Teutonenspeise ist wohl mit darauf zurückzuführen, daß man nach dem Genuß einer solchermaßen angereicherten Schüssel mit gutem Recht nach einem Schnaps greifen durfte – zur Verdauung.

Eben geht mit einem Teller
Witwe Bolte in den Keller,
Daß sie von dem Sauerkohle
Eine Portion sich hole,
Wofür sie besonders schwärmt,
Wenn er wieder aufgewärmt.

Unterdessen auf dem Dache
Ist man tätig bei der Sache.
Max hat schon mit Vorbedacht
Eine Angel mitgebracht.
Schnupdiwup! Da wird nach oben
Schon ein Huhn heraufgehoben.

Schnupdiwup! Jetzt Numro zwei;
Schnupdiwup! Jetzt Numro drei;
Und jetzt kommt noch Numro vier.
Schnupdiwup! Dich haben wir!
Zwar der Spitz sah es genau,
Und er bellt: Rawau! Rawau!

Sauerbraten

1/8 l Weinessig *1 l Wasser* *1 EL Salz* *1 Lorbeerblatt* *Pfefferkörner* *Wacholderbeeren* *2 Nelken* *1 Zwiebel* *1 Bund Suppengrün*	*Essig, Wasser, Gewürze, Zwiebel und Suppengrün in einen Topf geben, einmal aufkochen, dann erkalten lassen.*
750 g Rinderbraten (Mürbeschoß oder Schlegel)	*Das Fleisch damit übergießen und zugedeckt kühl 2–4 Tage stehen lassen, täglich wenden.*
40 g Butterschmalz	*Butterschmalz erhitzen, das gut abgetropfte und abgetupfte Fleisch anbraten.*
3 EL Sauerrahm, evtl. etwas Tomatenmark	*Wenn es Farbe hat mit Beize und Sauerrahm aufgießen, wenn nötig Tomatenmark zufügen und zugedeckt eine bis eineinhalb Stunden leise köcheln lassen.*

Früher hat man Sauerbraten gern mit gespicktem Fleisch zubereitet, weil er so saftiger wurde. Heute ist man vom Spicken weitgehend abgekommen, weil der Spickvorgang die Fleischfasern verletzt und unnötig viel Saft austreten läßt. Wer einen Braten vor dem Austrocknen bewahren will, umgibt das Fleisch besser mit einigen Scheiben Speck. Beim Sauerbraten ist dies jedoch nicht nötig.

Saure Kartoffelrädle

1 kg rohe Kartoffeln	Die geschälten Kartoffeln in Scheiben schneiden, nicht zu weich kochen.
40 g Fett 50 g Mehl 2 EL Essig Zwiebeln Nelken Lorbeerblatt Pfefferkörner etwas Wein	In der Zwischenzeit aus Fett, Mehl, Zwiebel, Wasser eine braune Grundsoße zubereiten, Gewürze, Essig zugeben und etwa 30 Minuten sanft kochen lassen. Die Gewürze herausnehmen, oder die Soße abseihen, die Kartoffeln zugeben, noch einmal aufkochen, mit Wein aufgießen und kurz ziehen lassen.

Man kann auch rohe Kartoffelscheiben in die braune Soße geben und sie auf kleiner Flamme darin garkochen.

Salzgurken

Gürkle zum Einlegen Wasser Weinblätter Estragon Dill Dilldolden Lorbeerblätter Pfefferkörner Meerrettich	Halbgewachsene, schlanke Gurken werden gewaschen, gebürstet und über Nacht in kaltes Wasser gelegt. Am nächsten Tag trocknet man sie ab und legt sie mit Weinblättern, Estragon, Dill, Lorbeerblättern, Pfefferkörnern und Meerrettichstückchen in einen Steinguttopf oder ein Fäßchen.
Wasser, Salz	Wasser und Salz werden aufgekocht (auf 1 l Wasser 50 g Salz nehmen) und erkaltet über die Gurken gegossen, so daß sie vom Sud ganz bedeckt sind. Man beschwert die Gurken mit einem Brett, einem Teller oder einem Stein, bindet den Topf zu und bewahrt den Gurkentopf im Keller auf.

Nach erfolgter Gärung kann man die Brühe abschütten, die Gurken waschen, frisches Salzwasser und Essig darübergeben und nur noch einen Teil der Gewürze im Sud belassen.

Hausgemachtes Sauerkraut

25 kg Kraut

Man verwendet nur festes Weißkraut, das einige Wochen abgelagert sein sollte. Dann löst man die äußeren Blätter ab, entfernt den Strunk mit einem Krautbohrer (so man hat!) und hobelt das Kraut in einen großen, mit einem Tuch ausgelegten Korb. Die sauber geputzten Stande, auch Ständle genannt, (gemeint ist das irdene Gefäß, in dem man das Kraut lagert) wird mit großen Krautblättern ausgelegt,

600 g Salz

Kraut und Salz abwechselnd in etwa handbreiten Lagen eingeschichtet und fest mit der Hand oder einem Holzstößel eingestampft, bis es Schaum gibt. Obenauf legt man einige Krautblätter, beschwert es mit einem Holzbrett, das in ein ausgekochtes Küchentuch gewickelt ist. Zuoberst gibt man einen Stein und verschließt den Topf mit einem Deckel oder Einmachzellophan.

Das Kraut muß mindestens drei Wochen ziehen, der sich oben bildende Schaum sollte hin und wieder entfernt, das Tuch zwischendurch ausgewechselt werden. Nach drei Wochen stampft man erneut, bis das Kraut im eigenen Saft schwimmt. Nach weiteren drei Wochen kann man das erste eigene Sauerkraut aus dem Keller holen.
Zum Ausschöpfen immer einen Holzlöffel oder eine Holzzange verwenden, häufig kontrollieren und auf Sauberkeit achten.

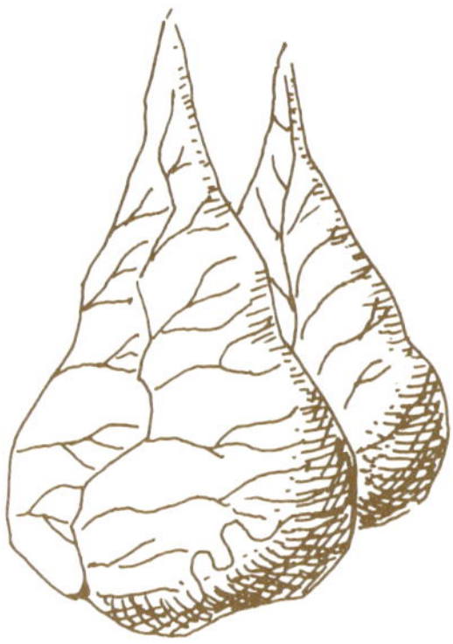

Vorrat

Warum die
Strümpfelbacher Schnitzwürger heißen,
was Gsälz mit Salz zu tun hat
und was es draußen alles umsonst gab:
Heckebeerle, Schnecke und Bachkrebs

Eine Hausfrau im Musterländle fühlt sich erst dann für den Winter gerüstet, wenn Keller und Speisekammer gefüllt sind. Der Anblick der bunten Gläser, die mit allem, was Garten und Markt hergaben, gefüllt sind, ist psychologisch nicht zu unterschätzen. Auch im Zeitalter der Tiefkühltruhe sind Gläser und Dosen ein wichtiger Bestandteil der winterlichen Ernährung in Stadt und Land. Man kann sogar einen wieder zunehmenden Trend für selbstgemachtes Gsälz, Gelee, eingemachte Früchte und sogar Gemüse feststellen. Ein Grund für die hausgemachten »Schleckle« ist, daß man »weiß, was drin ist«.

Vorrat hat's im Schwabenland nicht zu allen Zeiten gegeben. Hungersnöte waren oft zu verzeichnen und viele, die ihrer Heimat den Rücken kehrten, taten dies nicht, um vor Mißherrschaft und Staatsbehörden zu fliehen, sondern aus purer Not. Das Cannstatter Volksfest, das mit seiner Fruchtsäule an kirchliche Erntedankaltäre erinnert, ist wirklich ein Dankesfest gewesen. Es fand erstmals 1818 statt, im ersten Erntejahr nach langer Hungerszeit. Seit 1797 hatte die Rinderpest im Land gewütet, Mißernten und frühe Fröste hatten zusätzliches Elend über die Bevölkerung gebracht. Das Napoleonische Heer hatte weite Landstriche verwüstet und es gab kaum eine Familie, die nicht einen Mann, Sohn oder Bruder im Rußlandfeldzug 1812 verloren hatte. Von den 158000 Württembergern, die Friedrich I. auf Geheiß des Franzosenkaisers nach Rußland schickte, kamen nur 500 Männer zurück.

Ein Zeitgenosse berichtete: »Die halbe Bevölkerung schleicht bettelnd umher, die hohläugige, zerlumpte, sieche Armee des Hungers, die Kinder

Württembergische Gedenkmünze an die Hungersnot 1816/17

verließen ihre Eltern und schreien nach Brot vor fremden Türen, aus welchen sie der gleiche Jammer angrinste.« Im Jahr 1817 schrieb Matthäus Schlecht aus Neuweiler bei Böblingen an das Oberamt: »Mein Gütlein ist zu gering, als daß ich mich mit meinem Weib und drei Kindern nach Abzug der davon zu entrichten habenden Abgaben ernähren könnte, und der Preis der diesseitigen Feldgüter zu hoch, als daß ich solches durch weiteren Ankauf zu vermehren vermögend wäre.« Er hatte sich zur Auswanderung nach Rußland entschlossen und mit ihm gingen 165 Bauern, 113 Handwerker und 165 Weingärtner. Sie hofften im Süden Rußlands eine neue Existenz gründen zu können.

Paß-Register

Königreich Württemberg.

Neckar-Kreis.

Gültig

Stadtdirektion Stuttgart.

Reise-Paß.

Beschreibung der Person:

Alter:
Größe:
Statur:
Gesichts- Form:
Farbe:
Haare:
Augenbraunen:
Augen:
Nase:
Mund:
Wangen:
Zähne:
Beine:
Verheirathet:
Ledig:
Rekrutirungs-Verhältniß:

Besondere Kennzeichen:

Unterschrift des Reisenden:

Alle in- und auswärtigen Civil- und Militär-Behörden werden ersucht, Vorzeiger dieses

gebürtig
wohnhaft
welche
von
ab, durch

reist, und bei das Königreich verläßt, frei und ungehindert hin- und herpassiren zu lassen.

Stuttgart, den 186

Stadt-Direktor,

Reisepaß des Königreichs Württemberg aus dem Jahr 1861

Schnitz und Zwetschge

Schnitz und die dazugehörige Schnitzbrühe gehörten im Remstal zur täglichen Winterkost. Dampfnudeln machten dieses frugale Mahl in der nicht gerade von Reichtum gesegneten Weinbauerngegend nahrhaft und erträglich. Den Strümpfelbachern ist aus dieser kargen Zeit der Spitzname »Schnitzwürger« geblieben. Dörrobst gehörte auch in anderen Landstrichen neben dem Sauerkraut zu den wichtigsten Wintervorräten.

Birnen- und Apfelschnitze werden in der Darre, in einem Fach über dem Backofen im Backhäusle hergestellt. Viele der Backöfen waren – und sind – so ausgerichtet, daß man über dem Ofenschlund noch ein Fach hat, in dem man mit der abziehenden Hitze, auf entsprechende Gestelle gestapelte Früchte – Birnen, Zwetschgen, auch Äpfel und Aprikosen – trocknen kann. Nach dieser Vorrichtung heißt der oberste Rang im Theater, wo es schon ziemlich heiß ist, Zwetschgendarre. Schnitzbuckel dagegen nennt man einen leichten Rundrücken und mit Hutzel bezeichnet man eine alte Frau, die schon viele Falten hat, doch auch alte Männer können verhutzelt aussehen.

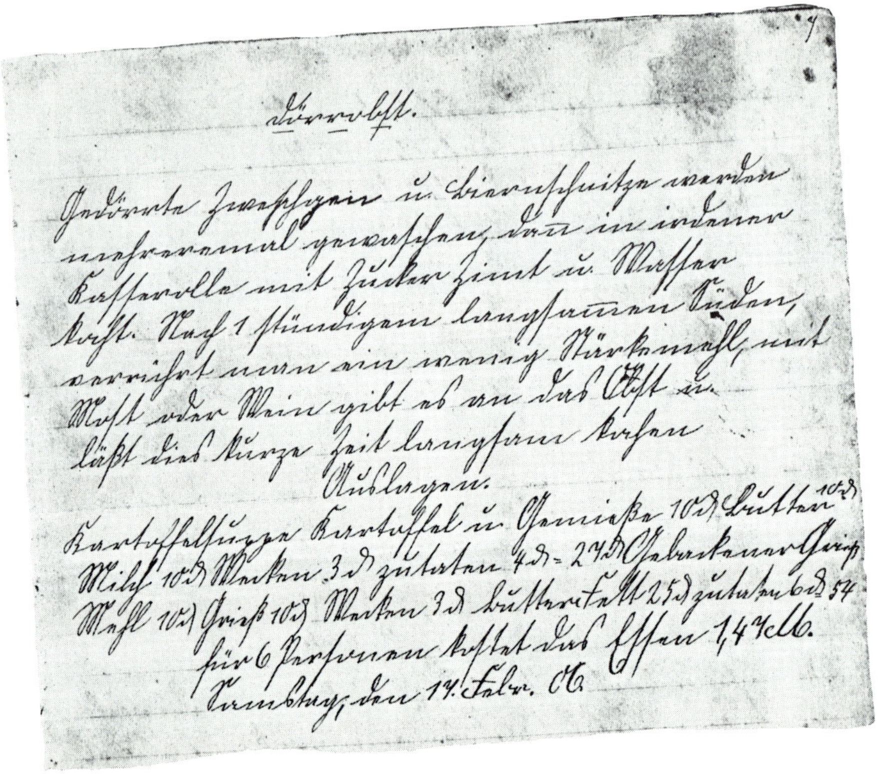

Dörrobst.

Gedörrte Zwetschgen u. Birnenschnitze werden mehreremal gewaschen, dann in irdener Kasserolle mit Zucker Zimt u. Wasser kocht. Nach 1 stündigem langsamen Kochen, verrührt man ein wenig Stärkemehl mit Most oder Wein gibt es an das Obst u. läßt dies kurze Zeit langsam kochen

Nudeln.

Kartoffelsuppe Kartoffel u. Gemüße 10 d Butter 10 d Milch 10 d Wecken 3 d zutaten 4 d = 27 d Haberkernen Grieß Mehl 10 d Grieß 10 d Wecken 3 d Butterschmalz 25 d zutaten 6 d 54

für 6 Personen kostet das Essen 1,47 M.

Samstag, den 14. Febr. 06

Gsälz aus Holunderbeeren

Gsälz kommt von Salz

Zu den Wörtern, die man eigentlich mit X schreiben sollte, gehören Xangbuch, Xondheit und Xälzbrot. Einer interessanten Theorie zufolge stammt das Wort Gsälz von Gsägnetem ab, vom Gesegneten, das zum Erntedank in der Kirche ausgebreitet war. Wenn die Früchte des Feldes und der Gärten dann nach einigen Tagen der Beschau nicht mehr frisch waren, machte man kurzerhand Gsälz daraus.

Richtiger ist wohl die Deutung, daß Gsälz von Gesalzenem kommt, weil man früher das zum Vorrat Bestimmte eingesalzen hat. Auch im Gselchten, dem gepökelten (eingesalzenen) und geräuchten Schweinefleisch steckt diese Salz-Wurzel. Es ist denkbar, daß man den ganzen Vorrat mit Gsälz bezeichnet hat. Daß dieser Ausdruck ausgerechnet für den Teil des Bevorrateten übrig blieb, der durch und durch süß ist, konnte man damals nicht ahnen.

Hausgemachtes Gsälz gehört heute noch zum Stolz jeder schwäbischen Hausfrau. Himbeergsälz und Quittengelee, Dreifrucht- und Stachelbeermarmelade, Zwetschgenmus und Träublessaft füllen auch in denjenigen Haushalten die Kellerregale, in denen Industriezucker verpönt ist und nur Gesundes genascht wird. Abgesehen davon, daß man nichts »umkommen lassen« kann, geht von Marmelade eine magische Wirkung aus. Die beruhigenden Gefühle, die sich einstellen, wenn man alle verfügbaren Gläser, Flaschen und Töpfe mit konservierten Früchten angefüllt hat, kann nur nachempfinden, wer schon einmal vor einem wohlgefüllten Regal mit Selbsteingekochtem stand.

Dabei weiß eigentlich jeder, der roten und schwarzen Johannisbeersaft in Flaschen füllt, Tomaten in Gläser drückt und Birnen in Essig und Zucker kocht, daß der Appetit der Familie nie so groß sein wird, um all die Herrlichkeiten aufzuessen. »Historisches Gsälz«, das fast so alt war wie die jugendlichen Esser und deshalb schon sehr kristallin, ist vielen aus Kindheitstagen erinnerlich.

Die Rezepte zum Umgang mit Zellophan und Einmachglas werden von Hausfrau zu Hausfrau weitergegeben. Vor allem junge Frauen sind noch unsicher in der Handhabung – und häufig erleben sie, daß ein Teil der mühsam ins Glas gebrachten Pracht schimmelt oder die Marmelade nicht fest wird. Sogar Explosionen im Vorratsraum sollen ab und zu vorkommen. Gegen den Schimmel hilft nur die schon in Omas Rezeptbüchern verordnete »peinliche Sauberkeit«. Voraussetzung für gutes Gelingen ist allerdings gartenfrisches Obst. Zellophanpapierchen, die man auf die Öffnung des Glases abstimmt und in Hochprozentiges taucht, verhindern Schimmelansatz ebenso wie das Abbrennen eines Tropfen Alkohols im Glas.

Früher hat man das mit dem Schimmel nicht so genau genommen. »Wer Schimmel ißt, kann schön singen« sagten die Altvorderen und schnitten ein Stück vom Weißbrot aus oder hoben die Schimmelschicht vom Gsälz. Heute weiß man von Kanzerogenen und Aflatoxinen und wirft mehr weg. Die alte Bauernregel »Was bitter dem Mund, ist dem Herz gesund« hat sich ins Gegenteil verkehrt.

Umsonst von draußen: Hagebutten

Wer nur ein kleines »Gütle« besaß, war dankbar für alles, was es umsonst an Hecken und Zäunen, im Wald und auf der Heide gab. Das fing beim Hasen- oder Geißenfutter an und hörte mit Pilzen und Waldbeeren auf. Gewilderter Sonntagsbraten, heimlich gefangene Fische oder Krebse aus dem Dorfbach gehörten zu den »umsonstigen« Genüssen, bei denen man allerdings Vorsicht walten lassen mußte.

Hägenmark ist aber eine der Köstlichkeiten, deren Rohstoff die Natur liefert, ohne daß man dabei vor Feldschütz oder Jäger auf der Hut sein müßte. Die Dornenhecke, einst natürlicher Zaun gegen Eindringlinge und Hindernis für entweichendes Vieh, schmückt heute noch viele Waldränder und Steinriegel. Die »Hagebutze«, die der in ihrer Bescheidenheit so schönen Heckenrosenblüte folgt, ist der Ausgangspunkt für das köstliche und vitaminreiche Hägenmark oder Hagebutzegsälz. Dies wiederum braucht man für die Hägenmakronen, ein beliebtes Weihnachtsbrötle.

Nur noch unermüdliche Feld-, Wald- und Wiesenwanderer stellen das Mark selbst her, nachdem sie die süß schmeckenden, leicht verhutzelten Früchte gepflückt und die Hagebutten von ihren kratzigen Kernen befreit haben. Diese Kerne hat man früher gern als Juckpulverersatz den Nachbarsbuben in den Kragen gestopft. Auch als Blasen- und Nierentee finden die Kernle ihre Verwendung. Diesen Kernlestee sollte man jedoch nicht mit dem Kernlestee verwechseln, den man manchmal auf Weinkarten findet. Dort ist die Rede von den edlen Tropfen des Weingutes Kern in Oberderdingen.

Hägenmark kauft man heute auf dem Markt, in den Markthallen oder bei den Kräuterweiblein, die in manchen Städten von Haus zu Haus ziehen und Hägenmark verkaufen. Früher waren die Frauen aus Ganslosen im Filstal für ihr Hägenmark berühmt. Angelika Bischoff-Luithlen schreibt, daß man in dieser bitterarmen Gemeinde in Heimarbeit Kochlöffel, Geißelstecken, Stoff- und Strohschuhe herstellte, um sie dann im Hausierhandel zu vertreiben. Um 1841 verzeichnet man Gansloser Hausierer mit Wacholder-, Schlehen- und anderen Gesälzen. 1870 soll eine Pfarrmagd auf die Idee mit dem Hägenmark gekommen sein, eine Witwe hat die Idee aufgegriffen und in ihrem Haus junge Mädchen versammelt, die Hagebutten pflückten, einweichten und das Mark herauskratzten. Dieses Mark wurde durch mehrere Siebe hindurch »gerieben«, so daß die Witwe ihre Hilfstruppen mit dem Ruf: »Kendla reibet, s'geit lauter Geld« angefeuert haben soll.

Heckenbeerleswirtschaft

Die Heckenbeeren, die der Herrgott auch denen zukommen ließ, die nicht säten, haben einem ärmlichen Haushalt den Namen »Heckenbeerleswirtschaft« vermacht. Beliebte Heckenbeeren sind neben Him- und Brombeeren die Schlehen. Man pflückt sie erst nach dem ersten Frost, weil dann die Umwandlung der Stärke in Zucker schon größere Fortschritte gemacht hat. Wer es eilig hat mit dem selbstaufgesetzten Schlehenlikör, kann eine künstliche Reife in der Tiefkühltruhe durchführen. Beim Pflücken sollte man darauf achten, daß die Stiele keine grünen Stellen mehr haben, erst dann sind sie reif.

»Schlehenbäuch« ist der Uzname für die Denkendorfer. Das alte Wort »Schlehbauchen« hängt mit der Heckenbeere zusammen. Wer einmal Schlehen gegessen hat, weiß, wie stark gerbsäurehaltig und zusammenziehend sie sind. Schlehbauchen soll heißen, daß man mit hungrigem Magen viel und hart arbeiten muß. Die Kinder, die im Wald zur systematischen Heidelbeer-, Brombeer-, Himbeer- und Preiselbeerernte ausgeschickt wurden, damit man zuhause Gsälz und Schnaps machen konnte, haben diesen Ausdruck vielleicht noch benutzt.

Eitel Freude herrschte vor allem bei den Vätern und Großvätern dieser eifrig sammelnden Kinder. Konnten Sie doch einen Großteil dieser »umsonstigen« Früchte »einschlagen«, also ins Faß tun, um später Schnaps daraus zu brennen. Natürlich brennt man ebenso die Maische von Gartenbeeren, von Zwetschgen und Kirschen. Selbst Äpfel und Birnen wandern in den Bottich. Vor allem im Badischen und im Schwarzwald hat man eine Brenntradition und -kultur, die nicht leicht zu übertreffen ist.

Nicht nur dornenreiche Wildsträucher wurden nach Verwertbarem abgegrast, auch die Blümlein des Feldes waren vor Omas Zugriff nicht sicher. Sie pflückte Veilchen, um Essig daraus zu machen oder um sie zu verzuckern und auf den Kuchen zu legen. Das Oberrheinische Kochbuch von 1811 kennt außerdem Violensaft (Veilchensaft) und Kornrosensaft, bei dem die Blütenblätter der Veilchen oder Kornblumen zuerst mit Wasser ausgelaugt, dann durchgeseiht und mit Zucker im Verhältnis eins zu eins eingekocht wurden. Der so gewonnene Sirup war vor allem zum Bereiten von Getränken gedacht.

Grüne Soßen aus Wiesenkräutern wie Sauerrampfer, Schafgarbe, Wegerich, Frauenmantel und Gundermann waren beliebte Frühlingsgerichte. Sogar Gänseblümchen, zu Eiern gereicht, waren nicht unüblich. Lorbeerblätter, die für viele Speisen, angefangen beim Sauerbraten bis zu den Kutteln wichtig sind, wachsen hierzulande nicht im Freien. Um dennoch preisgünstig an die ersehnte Würze zu kommen, sollen schon Landsmänninnen auf den Friedhof geschlichen sein, um nach einer »reichen Leich« (Beerdigung einer wohlhabenden Person) die Lorbeerkränze zu fleddern.

Keine Probleme gab und gibt es bei der Beschaffung von Holunderblüten, die für die Holderküchle benötigt werden. Seit die Naturküche im Kommen ist, sind sie von vielen neu entdeckt und in ihr Küchenrepertoire aufgenommen worden. Man bereitet sie aus den Blütendolden zu, die man in einen Pfannenkuchenteig taucht und im schwimmenden Fett ausbackt. Die Beeren des schwarzen Holunders kocht man zu Saft.

Löwenzahn als Salat und Sauerampfer am Bach pflücken eher die Feinschmecker unter unseren Landsleuten, die Badener. Auch die Brunnenkresse, heute nur noch selten wild an fließenden Gewässern zu finden, ist eher im gesegneten Bad'ner Land verbreitet.

Wild, Fische und Krebse

Wild gab es nur dann umsonst, wenn gewildert wurde. Denn die Wälder gehörten samt Inventar den Herren. Und wenn sie leidenschaftliche Jäger waren wie Herzog Karl Eugen, dann waren die Albwälder voll von Rot- und Schwarzwild, das für ordentlichen Flurschaden sorgte. Erst nach der Revolution von 1848 hatten Bürgerliche das Recht, Wild zu jagen. Wie selten ein

Bodenseefelchen

Hasenbraten war, zeigt eine Geschichte aus Münsingen, wo man die Bürger mit dem Necknamen »Hasenrupfer« bedachte. Eine Wirtin, der eine Jagdgesellschaft einen frisch geschossenen Hasen brachte, damit sie ihn zu einem Abendessen verarbeite, versuchte eine Stunde lang, den Hasen zu rupfen. Offenbar war ihr bisher nur Federvieh in die Kachel gelangt.

Auch die Forellen, die so munter in manchen Bächlein sprangen, gehörten den Herren. So lernte man in manchen Gegenden den Fisch erst recht spät kennen. »Jetzt han i den Fisch zwoi Stond em Kraut kocht – und jetzt isch nunz mai do« beschwerte sich eine Älblerin bei der Wanderkochlehrerin, die zur Volksaufklärung in Ernährungsdingen beitragen wollte und den Frauen auf der Alb Fisch als billiges und eiweißreiches Nahrungsmittel empfahl. Anders war das bei den Anrainern des Bodensees. Sie kannten die herrlichen Fische, die das schwäbische Meer bereithält. Zu den beliebtesten gehört nach wie vor das Blaufelchen, auch Bläuling oder Rheinauge genannt. Es kann bis zu 75 Zentimeter lang und drei Kilo schwer werden. Die Fischer nennen den einjährigen Fisch Stüben, den Zweijährigen Gangfisch, den Dreijährigen

Renke, den Vierjährigen Halbfisch und erst den völlig ausgewachsenen Fünfjährigen Blaufelchen.

Im September 1864 starben einige Tausend dieser Fische den Heldentod, als sich bei einer Schießübung der Schweizer Artillerie eine Salve in den See verirrte und in einen Schwarm Felchen einschlug. Heute sind die Bedrohungen vielfältiger Art und es ist geradezu ein Wunder, daß man heute noch so viele dieser herrlichen Fische antrifft.

Krebse waren früher ein Arme-Leute-Essen. Man konnte sie im Bach fangen – und ernährte in städtischen Haushalten vor allem die Dienstboten damit. Der Löfflerin galten die Krebse als »Gemüß«; in ihrem Kochbuch von 1806 sind Rezepte wie »Krebsschnitten als Gemüß« und »Krebs-Euter« (ein Krebsschaum in einer durchlöcherten Form zubereitet, der einem Kuheuter nicht unähnlich sah) neben Artischocken und Endivien aufgeführt. Wie leicht man früher an die heute begehrte Feinschmeckerspeise gelangen konnte, zeigt das Waldshuter Feuerwehrlied:

Das war fürwahr ein schönes Ding,
als man den Krebs im Stadtbach fing.
Der floß nach alter Sitte
durch unserer Hauptstraß Mitte.

Die Bächle sind aus den Straßen ebenso verschwunden wie aus den Feldern. Begradigungen, Verdohlungen und anderen baulichen Maßnahmen sind sie zum Opfer gefallen.

Längst nicht alle Bachkrebse gehörten früher zu den gesuchten Delikatessen. An vornehmen Tafeln verspeiste man nur den Edelkrebs. Der Steinkrebs und der Dohlenkrebs galten als minderwertig und waren deshalb für die Tische der Armen bestimmt.

Froschschenkel und Schnecken

Schnecken und Froschschenkel spielten in katholischen Gebieten als Fastenspeise eine bedeutende Rolle. Heute, wo die Frösche nicht mehr aus heimischen Tümpeln kommen, ist man eines bessern belehrt und verzichtet als umweltbewußter Feinschmecker darauf. Die Mollusken, wie man die Weichtiere geschwollen nennt, waren häufig eine Delikatesse im Pfarrhaus. Der neue Pfarrer, »der onser ganz' Oziefer wegfrißt« war ein geflügeltes Wort in Oberschwaben, wo sich die Geistlichen regelrechte Schneckengärten hielten.

Das badische Schneckensüpple zeigt, daß man dort auch im normalen Haushalt diese Delikatesse zu schätzen wußte, die Schwaben stehen ihr eher reserviert gegenüber. Eine Spruchweisheit macht die Meinung über dieses Viehzeug deutlich: »De Schnecke auf d'Schwänz schlage, daß se bellet!« lautet im Schwabenland die einem neugierigen Beobachter gegebene Erklärung für das, was man gerade tut. Was der Schwabe nicht kennt und nicht ißt, damit kann er noch allemal ein gutes Geschäft machen. Während des 18. Jahrhunderts mauserte sich Württemberg zum größten Schneckenexporteur. Von Ulm aus wurden um 1825 4000 Tonnen Schnecken donauabwärts nach Wien geschickt. Der Vertrieb dieser Schnirkel-, Weinberg- oder Deckelschnecken lief ab 1840 zwar nicht mehr so gut, aber in Österreich wurden noch lange schwäbische Schnecken geschätzt. Vielleicht ein Grund, warum man ansehnliche Mädle als »goldigen Schneck« bezeichnet und das »aneinandernaschneckle« eine liebevolle Bedeutung hat.

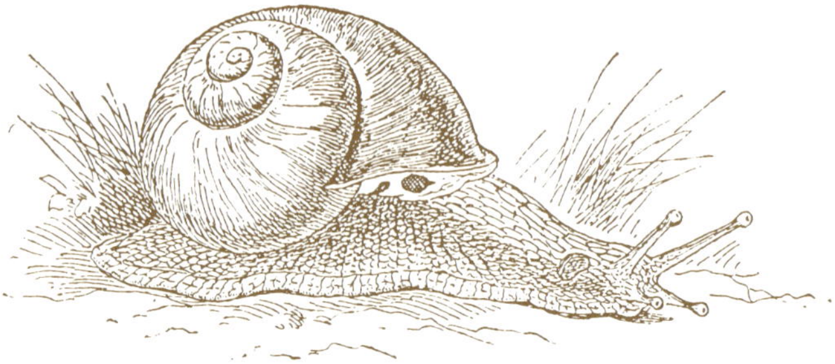

Dreierlei Gsälz

1 kg Kirschen
500 g Himbeeren
1 kg rote Träuble
750 g Zucker

Die Kirschen entsteinen und zerkleinern, die Himbeeren verlesen, die Träuble von den Stielen streifen. In einen ausreichend großen Topf geben, Zucker darüberstreuen, gut umrühren und Saft ziehen lassen. Dann die Marmelade einkochen, bis sie sich bei einer Gelierprobe als dick erweist. Noch heiß in vorbereitete Gläser füllen, nach dem erkalten zubinden.

Wenn man Schraubendeckel-Gläser verwendet, diese sofort nach dem Einfüllen zuschrauben und auf den Kopf stellen. Die noch im Glas vorhandene Luft wird durch die Berührung mit dem heißen Marmeladebrei keimfrei und die Konserve dadurch haltbarer.

Hausgemachtes Hägenmark

ca. 3 Pfund frisch gepflückte Hagebutten

Die Hagebutten halbieren, entkernen, waschen und vier bis fünf Tage in den Keller stellen, bis sie weich sind. Dann durch ein Haarsieb streichen.

500 g Zucker auf
500 g Mark

Mark und Zucker verrühren im Verhältnis 1:1, dann die Masse zum Kochen bringen. Einige Minuten sprudelnd kochen, kalt rühren und das Hägenmark in Gläser füllen.

Grüne Soße aus Wildkräutern

2 EL Butter *2 EL Mehl* *Fleischbrühe oder Milch*	*Das Mehl in der Butter hell anrösten, nach und nach Milch oder Fleischbrühe hinzugeben und glattrühren.*
frische feingehackte Wiesenkräuter, z. B. Sauerampfer, Wiesenknopf, Frauenmantel, Gundermann, Löwenzahn, Spitzwegerich, Bärenklau, Bärlauch und Huflattich *Salz, Zitronensaft*	*Dann die feingewiegten Kräuter zugeben, kurz aufkochen und ziehen lassen. Eventuell mit etwas Zitronensaft und Salz abschmecken.* *Paßt zu Eiergerichten, zu Rindfleisch und zu Zunge.*

Holundersaft

3 Pfund reife Holunderbeeren *½ l Wasser*	*Die Beeren waschen und vom Stengel streifen. Langsam in Wasser erhitzen, bis die Beeren platzen. In ein Tuch geben und den Saft abtropfen lassen.*
150 g Zucker auf einen Liter Saft	*Genau abmessen und auf einen Liter 150 g Zucker zugeben, gut mit dem Saft mischen. Damit sich der Zucker leichter löst, kann man ihn auch mit etwas Wasser aufkochen.*
	Den gesüßten Saft in Flaschen füllen, im Backofen oder im Einmachkessel 30 Minuten lang bei 75 Grad eindünsten.

Schlachttag

Vom fetten und mageren Schwein,
von dr Metzelsupp und dr Saubloder,
vom Rostbrätle mit lauter Sooß
und von den Buchhornern,
die Öchsle säen wollten

Ludwig Richters »Schlachtfest« zeigt eine dörfliche Idylle

Der Schwabe sagt »Besser a Kälble em Friede als en Ochse em Streit« und verbirgt hinter dieser Spruchweisheit nur notdürftig seine Vorliebe für Kalbfleisch, das früher in anderen Landstrichen auch Halbfleisch hieß. Kalbsbraten mit Kartoffelsalat und Spätzle bedeuten für den Schwaben das Paradies. Und sein ei'gmachtes Kalbfleisch, früher ein Gericht für den Vorrat, heute meist aus frischem Fleisch gekocht, ist fast schon eine Sünde wert. Um das Glück vollkommen zu machen, braucht der Schwabe natürlich noch sein Rostbrätle – mit Zwiebeln und einem Korb Brot zum Eintunken. Rostbraten ißt man häufig in der Wirtschaft, Braten sonstiger Art lieber zuhause, da weiß man, was man hat.

Schweinebraten gibt es nach der Hausschlachtung – aus eigener Metzget! In der Stadt kaufte man schon immer Fleisch, Wurst und Speck beim Metzger, doch auch städtische Hausfrauen kennen den Vorteil von eigenem Schmalz. Sie kaufen Schweinespeck oder Flomen und lassen es aus. Der Speck wird in Würfel geschnitten und gebraten. Eventuell würzt man ihn noch mit Salz oder Äpfel. Die nach oben steigenden Grieben sind bei Kindern besonders beliebt, als Würze an Zwiebel- oder Krautkuchen sind sie nicht zu verachten. Schmalzbrot – natürlich aus hausgemachtem Schmalz – mit Salz bestreut oder mit Senf bestrichen, gehörte lange Zeit zu den Hauptnahrungsmitteln.

Ein Butzele (ein Schweinchen) im Jahr mußte reichen – und in vielen Familien war nicht einmal das eine Selbstverständlichkeit. In einer Oberamtsbeschreibung von 1831 ist davon die Rede, daß es auf dem bei Münsingen gelegenen Dorf Hengen, das 260 Einwohner hatte, acht Schweine gab. Diese wurden wie üblich vom Schweinehirt gehütet, vor allem im gemeindeeigenen Wald, wo sie sich an Eicheln sattfressen sollten – sofern das nicht ein Vorrecht der Wildsäue des Herzogs war. Das heute nicht so geschätzte Schweinefleisch gehörte zu den wenigen Genüssen, die man sich leisten konnte. Der Schlußvers der Sauerkrautkantate heißt daher auch:

Drum o Erbauer der Natur,
Erhalt uns die drei Dinge nur:
Das Kraut, den Wein, das fette Schwein,
So woll'n wir allzeit dankbar sein.

Bauern beim Hochzeitsschmaus
Holzschnitt aus der ersten Hälfte
des 16. Jahrhunderts

So arg lange hat die Dankbarkeit wohl nicht angehalten. Denn heute bedankt man sich für das fette Schwein. Kaum waren die Notzeiten überwunden, war Fett verpönt und die armen Schweine wurden immer magerer. Geschmeckt haben sie aber immer weniger. Erst in allerjüngster Zeit hat der Bundeslandwirtschaftsminister versprochen, sich wieder für schweinige, also mindestens durchwachsene Säue einzusetzen.

Die Metzelsuppe

Die Metzelsuppe ist ein geselliges Ereignis, das man mit Schlachtfest nur unzureichend übersetzt. Ludwig Uhlands »Metzelsuppenlied« zeigt, wie vielfältig die Freuden bei einem solchen Fest sein können:

Und wird von schönen Händen dann
Das schöne Fleisch zerleget,
Das ist, was einem deutschen Mann
Gar süß das Herz beweget.

Gott Amor naht und lächelt still
Und denkt: Nur daß, wer küssen will,
Zuvor den Mund sich wischt.

Metzelsupp' ist ein Oberbegriff für sämtliche Genüsse, die Helfer und Unbeteiligte nach einer Hausschlachtung erwarten: Ripple mit Kraut, Leber- und Griebenwurst, Kesselfleisch und so weiter. Außerdem ist es eine Suppe auf Wurstbrühen-Basis. Je nach Möglichkeiten wird sie mit Fleisch- oder Wurststücken »angedickt« oder nur mit Brotstücken gegessen. Metzelsupp' in dieser abgemagerten Form brachte man auf dem Land den Bedürftigen und Kranken am Schlachttag, das vorherrschende Transportmittel für diese Armenspeise war die Milchkanne.

Wirte, die eine Metzelsuppe anzubieten haben, hängen eine aufgeblasene Saubloder (Schweineblase) über die Tür. Die macht auch als Luftballon-Ersatz viel Freude. Wenig erfolgreich war der Versuch eines Schulbuben im Zabergäu, mit an den Füßen festgebundenen Saublodern über den Entenweiher zu gehen.

Metzelsuppe

Würste, Schinken und Sülzle

»Dees isch ebbes Args, was i Würscht esse muaß, damit meine Kender von de Häut satt werdet« sagt ein schwäbischer Familienvater seufzend. Heute hätte er noch mehr Schwierigkeiten. Kaum eine Wurst wird mehr in verzehrbaren Naturdärmen abgefüllt, die meisten der Pellen sind aus Plastik. Gar keine Wursthaut fällt an, wenn die Leber- und Griebenwurst aus eigener Schlachtung in Dosen abgefüllt wurde. Das war bei Vespern recht praktisch. Man sparte sich das Geschirr und aß gleich aus dem Blech. Für die Hausmacher Blutwurst, Blunzen oder Blotz genannt, ist dagegen ein guter Naturdarm unerläßlich. Es gibt daher bei der Hausschlachtung einiges zu reinigen, zu waschen und zu schrubben.

Wurst, deren Herstellung man dem Metzger überläßt, ist die Schützenwurst, die erstmals 1867 zum Stuttgarter Schützenfest hergestellt wurde. Sie ist heute durch die Fleischwurst fast völlig in Vergessenheit geraten. Brat- und Saitenwürstle gehören ebenfalls zur Domäne des Metzgers, der anderswo Fleischer heißt. Schwarze Wurst, die man ringweise kauft und die je nach Geschmack hart und trocken oder noch etwas weich sein darf, ist ein Vesper, das Professoren ebenso mundet wie Wengertern oder den Viertelesmeistern, wie man diejenigen Handwerker nennt, die man häufiger in der Vesperstube als auf der Baustelle antrifft.

Zu den Würsten, die man portionsweise kauft, gehört neben der Schinkenwurst der Schwartenmagen oder Sausack – er hat ein lustiges Mosaikmuster, so daß man die Pflastermuster in Freiburg auch Schwartenmagenpflaster nennt. Preßsack und weiße Preßwurst (eine Kalbswurst) sind ebenso wie der schwäbische Leberkäs eine Vesperspezialität. Natürlich haben sich

Prassen wil ich vnd leben wol:
Ein Saw ich yzunt stechen sol.

Dar zů werd ich mich warm halte̅:
Vnd hoff ich wol mit Ern alten.

Der kleine Wurstdieb.
Gemälde von Hermann Volz (1814–1894)

Hausmacher Leber- und Blutwürste

daneben auch andere Sorten eingebürgert, doch die angestammten Würste sind eher deftig-kräftig und auf die Verarbeitung von Abfallstücken ausgerichtet. Das schöne daran ist, daß man dies nicht versteckt, etwa indem alle Zutaten so fein gehackt werden, bis man nichts mehr davon sieht, sondern ganz offen zeigt.

Die edlen Stücke des Schweins wandern in den Rauch, nachdem man sie kräftig mit Salz behandelt hat. Der berühmteste der heimischen Schinken ist der Schwarzwälder. Doch so wie alles »nemme dees« ist, so ist auch dieser Schinken nicht mehr so, wie er einst war. Er ist oft zu salzig. Früher war er mild und fest. Aber er stammte ja auch von fetten »Butzele« ab, wurde im eigenen Saft gepökelt, kalt geräuchert und an der frischen Luft getrocknet. Je höher die Berglage, desto trockener war die Luft und desto intensiver schmeckte der Schinken, der lange haltbar war. Und lange halten mußte er auf jeden Fall. Man stieg nur zu besonderen Anlässen in den Kamin, um etwas von dem Rauchfleisch zu holen. Und das ist auch schon die Erklärung, warum das Rauchfleisch Kameekäs oder bestimmte Würste Bauernseufzer heißen.

Was man heute mit Salzspritzen und anderen Kunstgriffen zu erreichen sucht, ist für die Massenproduktion gedacht. Früher war ein Schinken die Ration für ein ganzes Jahr. Das badische Schäuffele, einst ein Festtagsessen, das nicht öfter als ein- bis zweimal im Jahr auf den Tisch kam, ist heute fast ein Alltagsgericht. Es ist das beste Schulterstück vom Schwein, das man pökelt, um es haltbar zu machen.

Eine andere Möglichkeit der Konservierung ist die Sülze, die man gern zum Vesper ißt. Aus einer Handschrift des frühen 15. Jahrhunderts geht hervor, daß man schon damals die »Sultz« sehr geschätzt hat. »Der sultz muß vil sein, daß sy das fleisch bedecke« schreibt ein »Wirtenberger Koch«. Man machte sich damals die luftabschließende Wirkung des Fleisch- und Knochenabsuds zunutze und bewahrte darin Fleisch, Schinken und Würste auf.

Lauter Sooß

Das Rostbrätle in der Wirtschaft ist für viele eine große Verlockung, weil es im Gasthaus viel mehr Soße dazu gibt, als zuhause. Aus einem Rostbraten kann eine Hausfrau nicht viel von der geliebten Flüssigkeit hervorzaubern, es sei denn, sie greift zu Hilfs- und Ersatzmitteln. In der Wirtschaft aber, wo man Soße in ausreichender Menge auf Vorrat hat, ist das anders. So erzählt man sich die Geschichte von einem, den man den »Lauter Sooß« nannte. Er hatte die Bedienung gefragt, was denn der Rostbraten koste. »Zwei Mark

Schwäbischer Rostbraten mit Filderkraut

fuffzig«, erhielt er zur Antwort. »On d'Sooß?« war seine zweite Frage. Auf die Auskunft, daß die umsonst sei, gab er seine Bestellung auf: »Lauter Sooß!«

Sößle sind für den Schwaben fast wichtiger als das Fleisch. Das Brätle ist ohnehin bald aufgegessen, das Sößle aber, in dem die Spätzle, Nudle, Kartoffle oder Schupfnudle so richtig baden können, reicht bis zur Mitte der Woche. Beliebt sind richtig sämige Rahmsoßen aus süßem oder saurem Rahm. Wenn der Braten klein ist, gibt die Hausfrau noch einige Knochen in den Bräter, damit das Sößle auch recht wird. Saure Soßen aus Wein, Most oder Essig sind ebenfalls beliebt, sie dienen zum Ertränken der Beilagen – und zum Würzen von Herz, Niernle, Leberle, die man so sehr schätzt.

Leberle, Niernle, Briesle, Kutteln

Die große Beliebtheit der Innereien hat zum einen den Grund, weil das Fleisch nicht so arg weit langt, wenn man alles wegschmeißt, was man eigentlich ganz gut essen kann. So haben sich die Schwaben von alters her mit ihnen angefreundet. Natürlich ist vieles davon ein Arme-Leute-Essen. Zum anderen aber haben die Schwaben und genauso die Badener entdeckt, daß sich manche Innereien auch zur Delikatesse eignen. Herz, Lunge, Milz, Hirn, Leber, Niere, Kutteln, Zunge, Schwänzle, Ohren, Knöchle sind nicht nur zu schade für Katze und Hund, sie lassen sich auch rasch zu einem wirklich schmackhaften Gericht verarbeiten.

Eine besondere Spezialität ist das Briesle, auch Milch genannt, die Thymusdrüse des jungen Rindes. Sie ist etwa 300 Gramm schwer und regt das Wachstum und die Knochenbildung des Jungtieres an, später bildet sie sich zurück. Das Briesle ist zwar – verglichen mit anderen Innereien – eine teure Delikatesse, aber es soll trotzdem Gegenden geben, in denen man sogar diesen Leckerbissen verabscheut.

Doch oft gab es nicht einmal Innereien zu essen, so daß arme Bauern und Tagelöhner auf aberwitzige Ideen kamen, um zu ihrem geliebten Brätle zu kommen. So zum Beispiel die Buchhorner, denen man nachsagt, daß sie Ochsen säen wollten. Wahrscheinlich weil eine Viehseuche den ganzen Viehbestand vernichtet hatte, kamen sie auf den Gedanken, Ochsen wie Korn zu säen. Sie zerhackten einen Ochsen – womöglich ihren letzten – mit Haut und Haaren und brachten die kleinen Stücke, Ochsensamen genannt, auf dem Feld aus.

Als sie einige Zeit später, an einem Morgen, der viel Tau gebracht hatte, hinausgingen, um nach den Öchslein zu sehen, waren sie vor Freude außer sich. Eine Unzahl junger Ochsen kroch herum, sie hatten sogar schon kleine Hörner auf. Es waren aber leider Tauschnecken, die zu Tausenden herumkrochen, von den Buchhornern aber für junge Öchsle gehalten wurden.

In Schwäbisch Hall dagegen lebte man in Saus und Braus. Ein Chronist berichtet, daß man dort zu Weihnachten eine »rinderne« Metzelsuppe auftrage, zu Lichtmeß eine schweinerne, zu der dann Verwandte und Nachbarn eingeladen wurden. Auch im Hohenlohischen gab es öfter mal Rindfleisch, so daß die Bewohner von Öhringen für ihr Kuhessen berühmt sind. Die reichen Bauern waren reihum mit Schlachten dran und luden ihre Kollegen zum Schmaus – nach dem Motto: »Was ka mr vom a Ochse meh erwarte als a schees Stück Rendfloisch!«

Mit der Bezeichnung der Rindfleischstücke hat man es hin und wieder nicht leicht. Das edelste und teuerste Stück des Rindes heißt Lendenbraten, man spricht aber auch von Lungenbraten. Oder man nennt ihn Schlachtbraten, was gar nichts mit der Metzelsuppe zu tun hat. Den Ausdruck Spickschoß findet man für das innenliegende Rinderlendenstück. Andere Teile des Rindes werden mit »dicker Lappen, dünner Lappen, Vorschlag oder dicker Schoß« bezeichnet. Das aus einem Stück »Schmer« zubereitete Siedfleisch schmeckt hervorragend, doch wird man mit dieser Bezeichnung ebenso wie mit dem Wunsch nach einem Pfund »Überzwerch« bei einem preußischen Metzger beziehungsweise Fleischer oder Schlachter kaum zum Ziel kommen.

Eine herzhafte Schlachtplatte

Ei'gmachtes Kalbfleisch

600–700 g Kalbfleisch aus Brust oder Bug *kochendes Wasser*	*Das Fleisch in gulaschgroße Stücke schneiden, mit etwas kochendem Wasser übergießen, damit es weiß wird.*
40 g Butter *1 Zwiebel*	*In der heißen Butter die feingehackte Zwiebel und das Fleisch andünsten, ohne daß sie Farbe annehmen.*
etwas Mehl *Fleischbrühe* *1 Nelke* *1 Lorbeerblatt* *Salz, Pfefferkörner*	*Herausnehmen und in dem Fond das Mehl hell rösten, mit Brühe ablöschen, aufkochenlassen und zuerst die Gewürze, dann das Fleisch zugeben. Weichkochen, was etwa eine Stunde dauert.*
Zitronensaft *1 Eigelb* *etwas Rahm* *Wein*	*Die Soße mit Rahm, Zitronensaft und Wein abschmecken, mit Eigelb binden.*

In manchen Rezepten werden Chamignons zum Kalbfleisch gegeben, auch Sardellenfilets oder Kapern sind als Würzzutat möglich.

Älbler Metzelsupp

2 Pfund Sauerkraut Schweineschmalz	Das Kraut in dem heißen Fett andünsten,
einige gedörrte Zwetschgen und Birnenschnitz nach Geschmack etwas Zimt und Zucker Fleischbrühe	Schnitz und Zwetschgen hinzufügen und mit Zimt und Zucker würzen, Brühe angießen und garen lassen.
etwas Mehl mit Wasser verrührt oder eine kleine Kartoffel	Das Kraut mit etwas angerührtem Mehl oder einer geriebenen rohen Kartoffel binden.
je eine Grieben-, Blut- und Leberwurst Kesselfleisch	Heiße Würste und Fleisch – frisch aus dem Kessel – auf dem Kraut anrichten.

Dazu gibt es Spätzle, frisch oder gebrägelt.

Schwäbischer Rostbraten

4 Rostbratenstücke aus der Lende (je 200 g)	Die Rostbraten klopfen,
Salz Pfeffer Öl oder Butter	würzen und mit Öl oder zerlassener Butter bepinseln.
4 Zwiebeln Bratfett	Zwiebel schälen, in Ringe schneiden und im Fett goldgelb rösten. Das Fleisch auf dem Grill oder in der Pfanne rasch von beiden Seiten anbraten und garen. Zusammen mit den Zwiebeln anrichten und warmstellen.
1/10 l Rahm Salz Pfeffer Petersilie zum Garnieren	Aus dem Fond ein Sößle zubereiten, indem man den Rahm dazugibt und würzt. Über das Fleisch gießen und servieren.

Saure Kuttle

2 Pfund gekochte Kutteln *4 große Zwiebeln*	*Kutteln in Streifen schneiden, Zwiebel in nicht zu feine Würfel hacken.*
100 g Fett *1 Flasche Rotwein* *1 Lorbeerblatt* *1 Nelke* *5 Wacholderbeeren*	*Die Zwiebel im Fett anrösten, Kuttelstreifen zugeben, einige Minuten mitbraten. Mit Rotwein ablöschen, Lorbeerblatt, Nelke und Wacholderbeeren zugeben und je nach Weichheit der vorgekochten Kutteln eine halbe bis dreiviertel Stunde leise köcheln lassen.*
Salz *Pfeffer* *1/10 l Sauerrahm*	*Zum Schluß mit Salz und Pfeffer abschmecken, den Rahm unterziehen und zu Bratkartoffeln servieren.*

Wer eine intensivere Färbung des Kuttelragouts möchte, gibt Tomatenmark oder geschälte Tomaten aus der Dose an die Soße.

Most und Vesper

Im hinteren und vorderen Fäßle,
im Himmel und in der Vesperpause
gibt es den vergorenen Apfel- und Birnensaft,
ohne den Luckeleskäs und Landjäger
nur halb so gut schmecken

Landleute vor einer schwäbischen Schenke.
Gemälde von Reinhold Braun (1870)

Eine doppelte Testfrage für alle Nichtschwaben ist der zu Beginn einer jungen Bekanntschaft hingenuschelte Satz »Mogsch Moschd?« Man läßt den Fremden die Frage erst einmal wiederholen und achtet dabei auf die richtige, nasale Aussprache. Zum zweiten aber ist das Bekenntnis zum Most ein Zugeständnis an die schwäbische Lebensart. Denn wenn man überall sonst mit dem Begriff Most den unvergorenen, süßen Saft von Trauben, Äpfeln, Birnen und Beeren meint, ist im Südwesten der Most herb und alkoholreich – je nach Verdünnungsgrad allerdings. Der »dickste« Most heißt Saft, wird im »hinteren Fäßle« aufbewahrt, zu feierlichen Gelegenheiten getrunken oder erst später mit Wasser verdünnt.

Unvergorener »Most« heißt bei uns Süßmost und wird an Kinder ausgeschenkt. Er schmeckt erst richtig, wenn er langsam räs wird, also in Gärung übergeht und auf der Zunge bizzelt. Dann paßt Zwiebel- oder Krautkuchen besonders gut dazu. Wie schön, daß die Zeit des Mostens mit der Kirbezeit zusammenfällt, so daß man den in Milchkannen an Freunde und Nachbarn ausgeteilten Most mit den ohnehin gerade verfügbaren Kuchen kombinieren kann.

Most scheint die Milch der frommen Denkungsart im »Ländle« zu sein. Dafür bürgt schon der in den Schwaben-Spiegeleien zitierte Mönch Heinrich von Nördlingen, der sich in einem Brief aus dem 14. Jahrhundert ein »unwürdiges Kreatürle« nennt, ein »verworfenes Würmle«, das den »heiligen Geist, den wohlschmeckenden Most der Seele« sucht. Und Ludwig Uhland hat in seinem Loblied auf Württemberg auch den Most nicht vergessen. Er besingt die Schätze des Landes und nennt neben Holz, Salz, Eisen und Gold sowie den häuslichen, frommen und treuen Frauen auch den räsen Durstlöscher:

Und ist denn nicht ergossen
Dein Fruchtfeld wie ein Meer?
Kommt nicht der Most geflossen
Von tausend Hügeln her.

Most fürs »hintere Fäßle«
erfordert viel Handarbeit

Most ist ein ganz besonderer Saft – und wenn er nur aus Äpfeln gemacht wird, kann man ihn getrost vergessen. Die Mostbirnen, die zum Essen meist ungeeignet sind, geben ihm die richtige Tiefe, den erdigen Geschmack, ohne den er eben nach dem leichten und leichtlebigen Äppelwoi schmecken würde. Doch nicht allein des Geschmacks wegen ist die Birne ein wichtiger Bestandteil des Mostes. Ihr Gerbstoffreichtum wirkt konservierend und zusammen mit dem säurereichen Apfel wird das Getränk stabiler. Eine andere wichtige Zutat zum Most waren früher die Beeren des Speierlings, einer heute fast ausgestorbenen Ebereschenart. Der mit der Vogelbeere verwandte Sperberbaum hat rötlichweiße Blüten und pflaumengroße gelbe und rotbackige Früchte, die dem Most eine besondere Würze gaben.

Speierling, Gwürzluiken und Gaishirtle

Heute gibt es nur noch wenige dieser Sträucher und kaum jemand pflanzt ihn wieder an, den sorbus domesticus. Im Volksmund nennt man ihn oft Sperbe oder Spierapfel, in Österreich auch Arschitze. Er wuchs, wie die Obstbäume, die das Mostobst lieferten, häufig auf den Streuwiesen vor dem Dorf und ist daher der Flurbereinigung ebenso zum Opfer gefallen wie die Obstwiesen, die nicht mehr dem Verständnis von einem pflegeleichten, landwirtschaftlich genutzten Land entsprachen. Und mit dem Mostobst, das man häufig nicht als Tafelobst verwenden konnte, sind andere wirkliche Köstlichkeiten von den flurbereinigten Gemarkungen verschwunden: die Gaishirtle und die Gewürzluiken, die Birnenquitten und die Sauerkirschen, die Walnüsse und die Reineclauden sind sehr rar geworden.

Mogsch Moschd?
Der Hohenasthelmer ist noch immer gefragt

Seit Jahren ist das Halbstammobst in Mode. Man kann die Früchte ohne Leiter pflücken, beim Zurückschneiden der Äste gibt es keine tödlichen Unfälle und die nahezu gleichgroßen Früchte lassen sich leichter verpacken, auswiegen und sehen unter Folie schöner aus. Daß es statt der unzählig vielen Sorten im normalen Handel nur noch Golden Delicious, Jonathan und James-Grieve-Apfel gibt, stört den, der Apfelmus im Glas kauft und Apfelduft nur vom Haarwaschmittel kennt, kaum. Manche trauern den Haber- oder Augustäpfel schon nach, den Goldparmänen und den Schweizer Wasserbirnen. Auf den Wochenmärkten kann man sie hin und wieder finden, doch zum Einlagern im Keller reicht die dort feilgeborene Menge kaum aus und die Keller sind auch nicht mehr das, was sie einmal waren. Kein Wunder, daß sich die Obstbauern und vor allem die Genossenschaften neue Methoden ausdenken, um die Äpfel bis zur neuen Ernte frisch zu halten. Das heimische Tafelobst wird neuerdings in einer »Kontrollierten Atmosphäre« ohne Sauerstoff gelagert, weil die Äpfel dann ihre biologische Aktivität unterbrechen und nicht so schnell altern. Ein runzliger Apfel kommt dem Verbraucher also gar nicht mehr unter die Augen.

Kein Vesper ohne Most

Vesper ohne Most ist wie Samstag ohne Bundesliga – und doch hat man sich im Laufe der Zeit an ein mostloses Vesper gewöhnt. Einerseits weil man es sich in der hochindustrialisierten Gesellschaft nicht leisten kann, schon morgens Alkohol zu trinken, zum anderen aber, weil es kaum noch Most gibt. Wer früher Most getrunken hat und es heute noch »verkraften« würde, greift in Ermangelung des vergorenen Apfel- und Birnensaftes zum Bier. Hatten früher Bauern und Handwerker mehrere Eimer (ein altes Hohlmaß, ein Eimer faßte immerhin 300 Liter) Most gegen den ärgsten Durst im Keller, so findet man heute höchstens noch eine Kiste Bier in der Garage. Doch Schwartenmage und Ripple, Knöchle und Backsteinkäs, Kesselfleisch, Sauschwänzle und Ochsenmaulsalat schmecken erst richtig, wenn man sie mit einem kräftigen Schluck Most hinunterspülen kann.

Wein und Most müssen sich hierzulande nicht unbedingt Konkurrenz machen. Eines aber ist klar: Most trinkt man vor allem gegen den Durst und zum Vesper. Wein kann man in festlichen Fällen zum Essen trinken, vorwiegend aber genießt man ihn für sich allein. »Die Nahrungsmittel der Einwohner bestehen gewöhnlich in Kartoffeln, Milch und Mehlspeisen, seltener ist der Genuß von Fleisch. Das Getränk ist Obstmost, Bier, Branntwein, seltener Wein« heißt es in »Stamm und Eigenschaften der Einwohner von Böblingen und Umgebung« aus dem Jahr 1850.

Himmlische Mostpresse

»Ihr moschtet noch em Himmel« soll meine kritische, dem Pietismus nicht besonders aufgeschlossen gegenüberstehende Großmutter ihrer Schwiegerfamilie ins Gesicht geschleudert haben. Eine Aussage, die ihr nie verziehen wurde. Wer den Pietismus nicht kennt, wird das kaum verstehen. Und wer die Liebe zum Most nicht teilt, ebensowenig.

Also soll eine Erklärung versucht werden: Die Pietisten, die man weniger wohlmeinend auch Stundenbrüder nennt, legen und legten die Bibel immer sehr wörtlich aus und standen in Opposition zur Landeskirche. Sie hielten ihre ergänzenden Gottesdienste in Form von »Stunden« ab und hatten immer eine sehr konkrete Vorstellung vom Reich Gottes. Theologische Spitzfindigkeiten waren den einfacheren Leuten fremd, sie waren jedoch sicher, »dort oben« ihre Lebensumstände ziemlich unverändert vorzufinden.

Da man, um glücklich leben zu können, auch Most braucht, war die Vorstellung von der himmlischen Mostpresse zwar drastisch, aber doch nicht so arg weit hergeholt, wie man das vielleicht vermuten könnte.

Heute gibt es kaum noch Mostpressen. Höchstens solche, die man mit Geranien bepflanzt und neben den mit fleißigen Lieschen aufgeputzten Brunnentrog oder neben das alte Wagenrad gestellt hat. Der Vorgang des Mostens ist eine Angelegenheit der großen Keltereien geworden. Früher machte jeder seinen Most aus den eigenen Früchten, entweder in der eigenen Presse oder in der Lohnpresserei. Die stand in einer Scheuer im Dorf, in der ein meist nicht so begüterter Bauer oder Handwerker die Arbeit besorgte. Was übrig blieb, war ein rot-grüner, kreisrunder Fladen, der Trester, den man an die Kühe und Schweine verfütterte.

Schwefel war bei der Mostbereitung schon immer nötig. Doch stand er nicht als Pulver und Tabletten zur Verfügung. Also wurden die Fässer durch Abbrennen von Asbestschwefelschnitten ausgeschwefelt. Dadurch konservierte man die Fässer und verhinderte neue Pilzbildung im Holz. Außerdem wurde der Sauerstoff im Faßinnern verbraucht. Wenn man anschließend den Most einfüllte, konnte er mit diesem für die Haltbarkeit schädlichen Stoff nicht mehr in Berührung kommen. Bei einer anderen Methode brannte man Schwefelpulver ab und leitete das sich dabei entwickelte Gas in den Most. Auch Mörike wußte von dieser Arbeit. In seinem Gedicht »Der alte Turmhahn« beginnt eine Strophe:

Am Samstag muß ein Pfarrer fein
Daheim in seiner Klause sein.
Nicht visiteln, herumkutschieren,
Sein Faß einbrennen, sonst hantieren . . .

Im übertragenen Sinne kommt der Most vor allem im Zusammenhang mit Mostkopf oder Mostmeckel vor. Dabei ist ein solchermaßen bezeichnetes Haupt gar nicht dumm, blöd oder wirr, sondern vor allem groß. Doch nicht alle Intelligenzdefizite sind auf einen Sturz von der Leiter zurückzuführen. Von manchen schwäbischen Rabeneltern wird berichtet, sie hätten ihren Kindern früher nicht nur Mohnschnuller in den Mund geschoben, damit sie nicht beim Schaffe stören, sondern auch Most zu trinken gegeben.

»Erfunden« wurde der Most im Dreißigjährigen Krieg, als die Weinberge verwüstet waren oder nicht gepflegt wurden. Die Apfel- und Birnenbäume trugen noch Frucht und so verlängerte man den wenigen Wein mit Most, um den Forderungen der Soldaten nach Wein nachkommen zu können. 1636 erließ der Rat der Stadt Esslingen eine Verordnung, nach der es bei Strafe verboten war, Wein mit Most zu strecken.

Der Hohenastheimer, wie man den Most scherzhaft nennt, hat ziemlich an Bedeutung verloren. In letzter Zeit allerdings scheint er wieder auf dem aufsteigenden Ast zu sein. Man findet Flaschen mit Apfel- und Birnenmost wieder zunehmend in den Fächern der Supermärkte. Doch die 50 Liter Most, die man in den dreißiger Jahren hierzulande pro Kopf und Nase verpichelte, wird man kaum mehr schaffen.

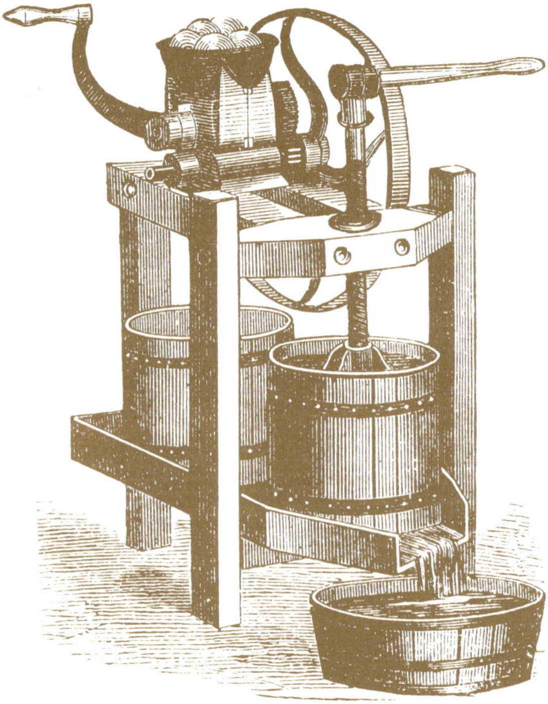

Landjäger und Luckeleskäs

Selbst böswillige Verleumdungen wie: »Der Schwabe hat kein Herz, aber zwei Mägen und braucht demzufolge drei mal am Tag was zu Essen, aber vier gute Vesper« konnten uns das Vespern nicht verleiden. Es ist auch heute noch eine geheiligte Institution. Die mißbilligende Aussage »Der isch am liebschte do, wo scho g'schafft, aber no net g'veschpert isch«, zeigt, daß man die schwäbische Brotzeit sogar als Meßlatte für Charaktereigenschaften benutzen kann. Die meist kalte Zwischenmahlzeit war zumindest bis vor nicht allzu langer Zeit so wichtig und ernst, daß man nicht gewagt hätte, ihr ein »le« anzuhängen. Nicht mal ein Kindergartenkind wird man fragen, ob es auch sein »Vesperle« dabei habe.

Ein richtiges Bauernbrot gehört zum schwäbischen Vesper

Die vielen herrlichen Vesper strafen diejenigen Lügen, die sagen, es gäbe hierzulande gar keine richtigen Vorspeisen. Auch die Schwaben nehmen ihre Vorspeisen zu sich – nur eben so rechtzeitig vor dem Mittag- oder Nachtessen, damit Hunger gar nicht erst aufkommen kann.

Als Vorspeise im klassischen Sinn sind dem Schwaben die Suppen am liebsten. Aber das, was er zuhause, auf der Baustelle, auf dem Feld oder in einer Wirtschaft zum Vesper aß und noch immer ißt, könnte in der gehobenen Küche herrliche Vorspeisen und Gaumenschmeichler abgeben. Man müßte die Gerichte nur in kleinen Portionen auftragen. Die verschiedenen Würste, die grünen oder geräuchten Landjäger oder ihre Spezialform, die Peitschenstecken, die Schützen- oder roten Würste, Ochsenmaulsalat, Wurstsalat aus schwarzer Wurst mit Rettichen oder aus Jagdwurst mit Zwiebel und Äpfeln könnten durchaus geeignet sein, verwöhnte Gaumen zufriedenzustellen, während sie auf die Hauptspeise warten.

Kleine Appetitanreger wie Krautwickel oder Kutteln, eingemachtes Kalbfleisch, was als Voressen auf manchen Karten steht, gehören ebenso zum reichhaltigen Vesper-Repertoire wie der Backsteinkäs (Romadur). Luckeleskäs (auch Bibbeleskäs genannt), also salzig angemachter Quark, ist – wie der Kräuterkäs – mehr oder weniger beliebt. Quark als Vesper ist bei Männern sehr umstritten. Schon Goethe sagte: »Getretener Quark wird breit, nicht stark.« Frauen und Kinder aber haben den gesund- und starkmachenden Quark immer gern gegessen – vielleicht, weil ihnen nichts von der Wurst oder dem Rauchfleisch übrigblieb. Den Namen hat der salzige Quark von den kleinen Hühnerküken, von den Bibbele oder Luckele, die man mit Quark gefüttert hat, ehe sie Körnerfutter bekamen.

Wichtiger Bestandteil des Vespers ist das Brot. Nur wer »rauh aufzoge« wurde, kann die Wurst auch ohne Brot essen. Wenn es kein Holzofenschwarzbrot (eigentlich Graubrot) ist, so darf es eine Laugenbrezel oder einer der vielen Wecken sein, die der Bäcker im Angebot hat. Sie heißen je nach Landstrich anders: Doppel- und Spitzweck, Reutlinger, Kimmicher, Kipf, Salz- oder Mohnbrötle, Laugenweck und Einback stehen zur Auswahl. Selbst der Unterschied zwischen Lutherischen und katholischen Wekken wurde in manchen Gegenden gemacht – wobei die Lutherischen Wasserwecken, die anderen Milchbrote waren.

Wer seine Lehrzeit als Vesperholer begonnen hat, weiß, daß keinesfalls der eine durch den anderen Wecken ersetzt werden kann. Wenn der Kollege einen Wasserweck bestellt hat, will er auf keinen Fall ein Milchbrötle haben, weil ihm die Bierwurst nur zu einem röschen Wecken schmeckt.

Zwiebelkuchen, Kartoffel- oder Röhrleskuchen (aus dem Grün der Frühlingszwiebeln) passen gut zum Vespermost. Diese salzigen Kuchen bestätigen, daß die besten Gerichte dieses Landes aus dem Backofen kommen. Und nun kann man's sich schmecken lassen. Doch halt, mit dem Schmecken ist es

Zwiebelkuchen

hierzulande so eine Sache. Schmecken hat häufig auch die Bedeutung von riechen und das führt zu Verwirrungen, wie der folgende Dialog zwischen zwei vespernden Handwerkern (auch Viertelesmeister genannt) zeigt:

Der Eisele sitzt in seim Boizle bei einem Rostbraten.
Kommt der Schlagenhauf und fragt:
»Schmeckt's?«
»Noi, dann tät i's nemme esse«,
ist Eiseles Antwort.

Ochsenmaulsalat

750 g Ochsenmaul
Suppengrün
1 Lorbeerblatt
2 Nelken
1 Zwiebel

Das Ochsenmaul wird gut gereinigt und in reichlich Salzwasser gekocht. Geputztes Suppengrün, Lorbeerblatt, Nelken und die gehackte Zwiebel dazugeben und etwa 3 Stunden lang kochen, bis der Ochsengaumen sehr weich ist. Man entbeint ihn noch heiß, läßt ihn erkalten, wobei man das Fleisch in eine Kastenform gibt und beschwert, damit er seine Form bekommt.

Essig
Öl
Salz
Pfeffer
Zwiebelringe

Den erkalteten Ochsengaumen schneidet man in dünne Scheiben und läßt ihn in einer aus Essig, Öl und den Gewürzen bereiteten Marinade noch einige Stunden ziehen.

Wer seinen Ochsenmaulsalat fertig kauft, tut oft gut daran, eine eigene Marinade daranzutun. In Italien, wo man diese Delikatesse auch kennt und als antipasto reicht, kommen Kapern an die Marinade.

Schwarzer Wurstsalat

500 g Schwarzwurst
1 Zwiebel

Die Schwarzwurst mit der Haut in dünne Scheiben schneiden, die Zwiebel würfeln,

4 EL Öl
3 EL Obstessig
Salz
Pfeffer
1 Prise Zucker

eine Marinade rühren, über die Wurstscheiben geben, gut mischen und durchziehen lassen.

Tellersulz

1 kg Schweinsknöchle
500 g Kesselfleisch
1 Schweinezunge
2 Kalbsfüße
Salz
Essig
Pfefferkörner
1 Lorbeerblatt
2 Nelken

Das Fleisch zusammen mit den Gewürzen in einen Topf mit ausreichend Wasser geben und weich kochen.

hartgekochte Eier
Essiggürkle

Das Fleisch herausnehmen, in Scheiben schneiden und auf Suppenteller verteilen. Eierscheiben und Essiggürkchen dazugeben.

Die Brühe weiter einkochen, erkalten lassen und das Fett abschöpfen. Wieder erwärmen, abschmecken, durch ein Tuch seihen und über das Fleisch gießen. Kühl stellen und warten, bis die Fleischbrühe zu einem Sulz erstarrt ist.
Mit Bratkartoffeln als Vesper reichen.

Luckeleskäs

250 g Schichtkäse
ersatzweise Magerquark
1 Becher Sauerrahm
Salz
weißer Pfeffer

Den Schichtkäse oder den entwässerten Quark, den man durch ein Tuch abtropfen läßt, mit saurer Sahne verrühren und mit Salz und etwas Pfeffer würzen.

Schnittlauch oder Kümmel

Je nach Geschmack in kleine Röllchen geschnittenen Schnittlauch oder Kümmel zugeben. Auch Dill oder eine Mischung aus Küchenkräutern, z.B. Pimpinelle, Zitronenmelisse und Borretsch ist möglich.

Schwäbischer Zwiebelkuchen

200 g Mehl 10 g Hefe 1 TL Salz 2 EL Schweineschmalz ⅛ l Milch	*Aus den Teigzutaten einen Hefeteig bereiten, gehen lassen. Wenn er sein Volumen verdoppelt hat, auswellen und eine runde Kuchenform damit auslegen. Nochmals gehen lassen.*
2 Pfund Zwiebeln 100 g Speck 3 Eier ¼ l saurer Rahm 3 EL Mehl Salz Pfeffer etwas Kümmel	*In der Zwischenzeit Zwiebeln schälen und würfeln; den Speck ebenfalls in kleine Würfel schneiden. Speckwürfel mit wenig Fett in eine Pfanne geben, etwas auslassen, dann Zwiebel zugeben und hellgelb andämpfen. Vom Feuer nehmen und mit Rahm verrühren, dann Mehl und Eigelb zugeben. Eischnee steif schlagen, an die Masse geben, die mit Salz, Pfeffer und Kümmel gewürzt wird. Das Zwiebelgemisch gleichmäßig auf dem Kuchenboden verstreichen und bei guter Hitze 30–40 Minuten backen.*

Den badischen Zwiebelkuchen bereitet man aus Blätterteig zu. Die Zwiebel kommen roh auf den Kuchen, statt des Specks gibt man häufig Rauchfleisch an den Guß.

*Beim Keltern.
Gemälde
von Christian Mali
(1866)*

Wein und Feuerwasser

Vom Schiller und vom Kerner,
vom See- und Neckarwein,
über Besenwirte, Viertelesschlotzer
und Selbstgebranntes

Im Gegensatz zu anderen deutschen Weinbaugegenden haben in Württemberg die Wengerter kaum Absatzsorgen. Theodor Heuss sagte über die Schwaben und ihren Weinkonsum »Wisset Se, wer bei ons koin Wein trinkt, der isch z'faul zom Schlucke!«

Ihren Trollinger und Riesling genießen die Vertelesschlotzer genannten einheimischen Weintrinker vorwiegend selbst, nur etwa zehn Prozent gelangen außer Landes. Trotzdem ist der »Neckarwein – Schleckerwein« schon seit Jahrhunderten auch außerhalb des Ländles beliebt. Die Fugger zum Beispiel ließen im Jahr 1590 zu einer Familienhochzeit 5 Fuder Wein aus Heppach im Remstal nach Augsburg kommen. Und sie zahlten einen stolzen Preis dafür: 254 Gulden. Württemberg war ein bedeutendes Weinland und exportierte seine Weine nach Bayern, nach Österreich, in die Schweiz und nach England. Der Wein brachte Reichtum und wirtschaftlichen Aufstieg ins Land. Er war neben dem Holz das wichtigste »Ausfuhrgut« des württembergischen Kernlandes.

Doch nicht allein dem Rebensaft von den Hängen des Neckars gebührt dieses Verdienst um die heimische Prosperität. Bis zu Beginn des 19. Jahrhunderts bezeichnete man alle Weine Württembergs und Badens – mit Ausnahme des Seeweins – als Neckarweine. Mit diesem Prädikat kamen dann die Markgräfler ebenso in den Handel wie die Kaiserstühler Weine oder die Gewächse aus Rems- und Enztal.

Weil der Rebstock eine einträgliche Geldquelle war, versuchten natürlich immer mehr Leute, an dem guten Geschäft teilzuhaben. Es wurden weitere Weinberge angelegt, nicht nur entlang der Flußtäler, sondern auf allen einigermaßen warmen Südhängen. Sogar die Bauern der Schwäbischen Alb machten sich daran, Trollinger zu pflanzen. In Ulm, dem Hauptumschlagplatz für Württemberger, wurde das mehr oder weniger edle Naß nicht nur in rauhen Mengen umgesetzt – an einem Tag bis zu 300 Eimer, wobei ein solcher Eimer 300 Liter faßte – sondern auch erzeugt. In Söflingen vor den Toren Ulms gab es Weinberge ebenso wie in Biberach an der Riß, auf den Fildern, im Nagoldtal, ja auch in Honau, Kuppingen, Nufringen, Urach und Oberjettingen wurden Weinstöcke gepflanzt und gepflegt. Die Rebfläche war am Ende des Mittelalters mindestens dreimal so groß wie heute, allerdings waren die Erträge sehr gering.

Überlegungen, ob das Klima in vergangenen Jahrhunderten besser gewesen sein könnte, sind sicher nicht ganz falsch. Wichtiger aber ist der Hinweis, daß die Weintrinker genügsamer waren als heute. Nicht was die Menge, aber die Qualität angeht. Doch der saure Württemberger war nicht jedermanns Sache. Kein Wunder, daß man zu allen Zeiten versucht hat, das Naturprodukt zu »schönen«.

Das Stuttgarter Edikt von 1706 zeigt, daß Weinpanschen keine neumodische Erfindung ist. Schon damals mußte man von seiten der Obrigkeit die Qualität des Weins überwachen. Das Edikt verweist auf eine Verordnung von 1696, in der das Verfälschen des Weines mit drakonischen Strafen belegt war. Gleichzeitig gibt es das Todesurteil gegen den Küfer Jakob Erni bekannt. Er hatte den 1701er und 1703er so gepanscht, daß »etliche Personen an ihrer Person merklichen Schaden erlitten«.

Aber es gab auch Wein-Regeln, die eher zur Erheiterung beitragen. In alten Büchern findet man hin und wieder einen Hinweis auf das »Reutlinger Recht«. In diesem Dokument wurde festgehalten, daß ein Weinberghüter, sofern er eine schwangere Frau beim Stibitzen einer Traube erwische, diese keinesfalls erschrecken oder sie grob anfahren dürfe. Er soll sie vielmehr »mit freundlichen Worten warnen und so sie noch keinen Trauben hätte, er selber einen brechen, ihr geben und sie damit weiterschicken.«

Vom Neckarstrand

»In deinen Tälern wachte mein Herz mir auf zum Leben ...« so beginnt Hölderlins Hymne auf den Neckar. Das Wort Neckar ist ebenso wie Württemberg oder Alb keltischen Ursprungs. Seit man diese Vorfahren wieder entdeckt hat, hört man auch wieder auf solche lange vernachlässigten

»wie man dretten sol die trüben . . .« zeigt diese Illustration von Peter Drach (1493)

sprachlichen Kennzeichen für die frühe Kultur in unserem Ländle. Mit dem Wein haben die Kelten allerdings nichts zu tun, ihnen war Met oder Bier lieber. Und seit man gesehen hat, daß dem Keltenfürsten von Hochdorf, der auf dem Asperg residierte, ein Trinkhorn mit ins Grab gegeben wurde, das 5½ Liter faßte, weiß man, daß der Durst hierzulande schon immer recht groß war.

Mit Wein gestillt werden kann er wohl erst seit Anfang des 8. Jahrhunderts, denn seit 776 ist der Weinbau in Schwaben urkundlich nachweisbar. Von da an finden sich verschiedene Zeugnisse für die Weinkultur. Lagenamen wie Mönchsberg, Mönchsfeld, Klosterberg, Stiftsberg und Kirchberg deuten darauf hin, daß die Klöster Wegbereiter des Weinbaus waren. Manche Weinchronisten leiten den Namen der Landeshauptstadt von Stockgarten ab. Sie glauben, daß damit die Rebenpflöcke gemeint waren, die inzwischen immer mehr Dauerdrahtanlagen und Betonpfeilern Platz gemacht haben. Auch der Stuttgarter Stadtteil Stöckach soll auf die Stöcke, die Weinstöcke natürlich, hinweisen. Dort sollen die ersten Stuttgarter Reben gepflanzt worden sein.

Ein Fund in einem römischen Gutshof bei Lauffen, der aus dem zweiten nachchristlichen Jahrhundert stammt, veranlaßt einige Historiker, den Ursprung des Weinbaus schon in römischer Besatzerzeit zu sehen. Das Rebmesser, das man in Lauffen gefunden hat, ist zwar kein sicherer Beweis für die Weinbereitung, aber immerhin ein Hinweis auf die Kultivierung der Weinreben.

Das Keltern des edlen Saftes sollen die Schwaben, genauer gesagt die Cannstatter, vom Heiligen Urban persönlich gelernt haben. Einer Legende zufolge hat Urban, der Schutzpatron der Weingärtner, der im Jahr 222 zum Papst gewählt wurde, im Ländle gewirkt und die Cannstatter zu Wengertern gemacht.

Steile Stäffele und tiefe Keller

Weinlese im Neckartal.
Gemälde von Johann Gutekunst (1801–1858)

In Wahrheit haben wohl französische Mönche den Weinbau hier heimisch gemacht.

Mit dem heiligen Urban ist man hierzulande nicht zu allen Zeiten respektvoll umgegangen. Die Reutlinger haben anno 1537 in ihrem Reformeifer 37 Altäre zerstört und selbst die Statue des Urban überstand die Bilderstürmerei nur gerupft: man nahm ihm den Heiligenschein ab und machte ihn zum »Rebemännle«. Den Rebemännlestag feierten die Reutlinger Wengerter am Namenstag des Heiligen Urban, am 25. Mai, nach den Eisheiligen. Man sagt, daß sie im Falle von Schäden durch Nachtfröste auch schon mal ihr Rebenmännle »donkt« (unter Wasser getaucht) haben, um ihm das zu vergelten.

Diese Vergeltungsmaßnahmen hat der Schutzpatron wohl übel genommen, denn der Wein vom Fuße der Achalm war nicht immer gut beleumundet. Gerade über den Reutlinger – und über den Tübinger Wein – gibt es Anekdoten zuhauf. Eine davon handelt von Prinz Eugen, der nach dem Türkensieg nach Reutlingen kam und vom Rat der Stadt mit einem großen Becher voll eigenen Gewächses empfangen wurde. Nach dem ersten

Schluck soll er gesagt haben: »Lieber noch einmal Belgrad einnehmen als noch einen Schluck Reutlinger Weins trinken.«

Trotzdem muß im allgemeinen sowohl der Wein, als auch der Branntwein und der Most gut geschmeckt haben, wäre sonst folgende Einrichtung vonnöten gewesen, die man zu Beginn unseres Jahrhunderts noch vorfand: »In den Wirtsstuben wird eine Ecke eingenommen von der mit Latten bis zur Decke vergitterten Schenke, die bei Raufereien eine Art Festung und Stützpunkt für die Wirtsleute bildet.« Soweit ein Führer durch die »Volkstümliche Kunst aus Schwaben«, der 1908 im Auftrag der Königlich Württembergischen Zentralstelle für Gewerbe und Handel herausgegeben wurde. Darin erfährt man auch: »Einen Keller hat der Bauer bis zur Einführung des Kartoffelbaus nicht gehabt, einen Weinkeller hatte nur der Weingärtner und der Herr. Er gehört also ursprünglich zum Bürgerhaus.«

Doch der Weinkeller allein macht noch keinen Weinkenner. Wer nur heimische Kreszenzen gewöhnt war, die mit dem Prädikat belegt waren:

Der Reutlinger, der krätzt und beißt,
wie wenn a Katz de Hals nakreißt.
Beim Tübinger do wurd's oim ganz
als ziegt mr's wieder ruf am Schwanz!

der staunte, wenn er einmal die lieblicheren Gewächse von Mosel oder Ahr aufgetischt bekam. So ging es auch zwei Reutlinger Ratsherren, die bei der Kaiserkrönung Franz II. am 14. Juli 1792 ihre Stadt vertraten. In seinem Gedicht »Der Reutlinger Krönungszug« beschreibt Wilhelm Ganzhorn die Freude der wackeren Schwaben, als sie beim Willkommenstrunk zum Becher greifen:

Sie kosten – sie flüstern: ein treffliches Korn!
Wohl milder und süßer als Achalms Born!
Drum schauten ins Glas sie recht gründlich und scharf
Und schluckten von jedem bald über Bedarf.

Das hatte zur Folge, daß sie erst vom Duft des Krönungsmahles am anderen Abend wieder aufwachten und sich still verzogen.

Glücklicherweise verbietet der schwäbische Pietismus das Rauchen, nicht aber den Weingenuß. Das hat seine guten Gründe. Zwar sind Karten das Gebetbuch des Teufels und Tanzen ist der Anfang vom Ende, das meint jedenfalls die Spruchweisheit »Tanzet nur immerfort, tanzt bis zur Höllenpfort, tanzt nur hinein.« Der Rebensaft aber, der schließlich zum Abendmahl gebraucht wird und auch schon in der Bibel vorkommt, ist erlaubt. Schließlich sind auch Wengerter unter den Stundenleuten. Und weil der

Glaube durchaus flexibel sein kann, war in Westfalen, wo es in den Pietistengemeinden mehr Tabakbauern als Weingärtner gab, das Rauchen erlaubt, aber das Weintrinken verboten.

Trotz dieser Regelung macht man sich ein Gewissen beim Weintrinken, vor allem, wenn man nach dem Motto lebt: »Äll Tag tronke isch au regelmäßig g'lebt«. Und weil so mancher Schwabe vor seinem Gewissen und seiner besseren Hälfte nur ungern zugeben möchte, wie viele Viertele er im Laufe des Tages getrunken hat, kam ein kluger Zeitgenosse auf die statistische Aussage: »Pro halbe Kopf drei Viertele.«

Ohne das verkleinernde, »le« geht es in Schwaben auch beim Wein nicht ab. Schon das Viertele, das allenthalben von dem prosaischen 0,2 Liter-Glas verdrängt wird, zeigt das. Auch das Bodegfährtle, der wichtigste Indikator für schwäbischen Wein ist nur mit der verkleinernden Endsilbe denkbar. Er ist in dieser Form auch in Weinlexikon vertreten und wird folgendermaßen definiert: »Beim schwäbischen Wein jener spezifische Geschmackseindruck, den der Wein spüren läßt, wenn er über die Zunge rollt und den Kenner als das typische Württembergische an ihm schätzen.«

Leider hat man den Bodengeschmack im Zuge der Rationalisierung hier und dort vernachlässigt. Denn die von Thaddäus Troll als »Bomboles-Brüh« und »Diabetiker-Seich« verunglimpften Weine mit viel Süßreserve und wenig herzhafter Säure gibt es leider immer noch.

Der Schiller und der Kerner

Den Schiller gibt es nur in Schwaben, das ist gesetzlich abgesichert. Dieser Wein trägt zwar den Namen des Dichterfürsten, doch hat er ihn nur seiner schillernden Farbe zu verdanken. Böswillige Neider behaupten, er sei ein rechter Zwitter, weder rot noch weiß. Und er ist kein Rosé, denn der wird

Justinus Kerner (1787–1862)

aus blauen Trauben gekeltert, die man sofort abpreßt, so daß sie wenig von der Farbe der Schale annehmen. Der Schiller aber ist ein Rotling, er entsteht aus einem Gemisch von roten und weißen Trauben.

Diesen »gemischten Satz« gab es in Württemberg seit dem Dreißigjährigen Krieg. Damals erntete man von den wenigen nicht verwüsteten oder verwahrlosten Weinbergen der Einfachheit halber rote und weiße Sorten zusammen. Der Krieg hatte mit seinen Seuchen die Untertanen des Herzogs von Württemberg von 400000 auf 40000 reduziert – und es ist unschwer vorstellbar, wie es auf den Fluren und in den Städten und Dörfern aussah. Der Weinbau hat sich wieder aufgerappelt, aus den mittelalterlichen, meist minderwertigen Sorten wurden edle Reben, aus dem zusammengekippten Most eine Spezialität, die nur aus guten Rebsorten zu gewinnen ist. Der Trollinger spielt beim Schillerwein die Hauptrolle, dazu kommen Rieslingtrauben, Portugieser und Müller-Thurgau.

Der andere, außerhalb Württembergs berühmt gewordene Schiller schrieb als jugendlicher Poet folgendes über den Württemberger:

Der Name Württemberg
schreibt sich wie Wirt am Berg
Ein Württemberger ohne Wein,
kann das ein Württemberger sein?

Bauer von der Schwäbischen Alb

Der zweite typische Württemberger unter den Weinen ist der Kerner. Die inzwischen gut eingebürgerte Neuzüchtung wurde auf den Namen des Weinsberger Dichters und Arztes getauft, den David Friedrich Strauß so beschrieb: »Der große starke Mann im schwarzen Rocke mit dem dicken Stock aus Bambusrohr, der aus jenem Haus tritt. Er schreitet derb und sicher daher: und doch ist er in Gedanken, er macht den Eindruck eines weisen Mannes.«

Doch nicht immer gehören Wein und Weisheit zusammen. Das wird deutlich in dem Wort Bachel, in dem noch der römische Weingott Bacchus enthalten ist. Dieser Ausdruck wurde ursprünglich für Leute benutzt, die infolge zu hohen Weinkonsums Unsinn redeten. Heute wird er im Sinne von Dummkopf verwendet. Die Tatsache, daß es im Ländle eine nicht geringe Anzahl von Bachel und von Allmachtsbachel gibt, könnte unter anderem auf Weingenuß in früher Jugend zurückgeführt werden. Für die Tatsache, daß Kinder hin und wieder vom edlen Rebensafte naschen durften, gibt es einen literarischen Beleg: Hölderlin hat eine solche Szene in seinem Gedicht: »Das Ahnenbild« beschrieben

Und die Mutter, sie reicht heute zum erstenmal,
Daß es wisse vom Feste,
Auch dem Kinde von deinem Trunk.

Der Seewein und der Weinsee

An den Bodensee, das vielgeliebte schwäbische Meer, soll der Rebstock durch den Heiland persönlich gekommen sein. Der Legende nach hat man ihm und seinen Aposteln, als sie am See weilten, wegen ihres merkwürdigen Aussehens ein Nachtlager verweigert. Nur in Meersburg wurden sie gastfreundlich aufgenommen. Als Dank ließ der Heiland in Meersburg einen wundertätigen Rebstock zurück, der in der Früh gepflanzt, mittags bereits reife Trauben trug, die abends schon zu Wein vergoren waren. Die Hagnauer und die Lindauer, die von diesem Wunder erfuhren, schickten Boten, die ihr ungastliches Verhalten entschuldigen und um den Weinstock bitten sollten. Der Sohn Gottes in seiner großen Güte hat ihnen ebenfalls einen Wunder-Weinstock geschenkt, obwohl Petrus heftige Einwände dagegen erhob.

Das Wunder wirkt bis heute, der Wein aus dem Badischen Land, dem der größte Teil der Seeweine zugeordnet wird, ist das einzige Weinbaugebiet der Bundesrepublik, das zur EG-Weinzone B gehört. Das bedeutet, daß hier das Lesegut reifer sein muß als im restlichen Bundesgebiet und daß für die verschiedenen Qualitätsgruppen höhere Ausgangsmostgewichte, also mehr Öchslegrade vorgeschrieben sind.

Die Öchslegrade gehen übrigens auf den Pforzheimer Tüftler, Apotheker und Goldschmied Ferdinand Öchsle zurück, der in der Mitte des vorigen Jahrhunderts eine Mostwaage erfand, mit deren Hilfe man das spezifische Gewicht des Traubensaftes bestimmen kann. Zeigt diese Senkwaage bei einem Most beispielsweise 80 Grad Öchsle, dann beträgt sein Gewicht 1080 Gramm je Liter, das sind nach der Vergärung etwa 80 g Alkohol pro Liter (10 Volumenprozent).

Ferdinand Öchsle, der Erfinder der Mostwaage

Doch nicht zu allen Zeiten hat sich der Wunder-Weinstock segensreich ausgewirkt, er hat auch zu manchem Weinsee geführt, denn der Rebensaft wurde schneller erzeugt als getrunken. Weinüberschüsse gab es schon im Mittelalter. Im Jahre 1484 wurden eine Million Liter verdorbenen vorjährigen Weines in den Bodensee geschüttet. Die Überlinger mußten ihre Fässer für den neuen Wein freimachen.

Auf solche unliebsame Überraschungen ist wohl auch die spöttische Bezeichnung »Dreimännerwein« zurückzuführen, die man früher dem Seewein anhängte. Um den zu trinken, mußte man zu dritt sein, einer trank – die anderen beiden hielten ihn fest, damit er von dem sauren Gesöff nicht zu Boden geworfen wurde. Der Schwabe G. Seuffer hat diesem Wein das folgende Gedicht gewidmet:

Am Bodasee, am Bodasee,
Da hopfet d'Fisch in d'Höh, in d'Höh!
Do drinna, do isch guat noh sei,
Do geit's ja koi'n Dreimännerwei'.
Do geit's koi'n so Herr Jegerle,
Do geit's guat's Wasser, wegerle!.

Eine bessere Meinung vom Bodenseewein hatte Michel de Montaigne, ein französischer Schriftsteller und Humanist, der 1580 den Süden des Ländles bereiste. Er war sehr angetan von den Dörfern und Städten am See und beschrieb ausführlich die Bewohner, ihre Sitte und das problemlose Nebeneinander von Katholiken und Protestanten. Auch dem Essen und Trinken sowie dem Gastgewerbe im Südwesten widmete er seine Aufmerksamkeit und verglich sie mit den Gebräuchen in seinem Heimatlande. Dabei kam das Land um den See gar nicht so schlecht weg.

Über den Weingenuß schrieb er: »Der Wein wird in gewissen großen Krügen aufgetragen, und es ist ein Verbrechen einen leeren Becher nicht gleich nachzufüllen; Wasser gibt es niemals, auch nicht, wenn man es verlangt. . .«

Der chronische Wassermangel muß wohl auch der Grund dafür gewesen sein, daß man Wein häufig zum Anrühren von Kalk und Mörtel benützte. Auch im Stuckmarmor der Barock- und Rokokokirchen wurde Wein verwendet: Rotwein gab dem falschen Marmor eine besonders schöne Farbe.

Die Arbeiter im Weinberg

Obwohl im Ländle die Trauben eigentlich nie vollreif werden, sperrt man doch ab Mitte August die meisten Weinberge für Besucher und Wanderer. Nur wer verspricht, den ganzen Weinberg laut pfeifend zu durchqueren, den läßt der Weinbergschütz passieren. Auch beim Herbsten, also bei der Weinlese, war es üblich, daß die Helfer den ganzen Tag über singen mußten – so glaubte der Weinbergbesitzer sie am Naschen hindern zu können. Der Eindruck vom fröhlichen Weinberg, in dem gesungen und gepfiffen wird, ist also auf ganz andere Faktoren zurückzuführen.

Noch ist das Herbsten hierzulande Handarbeit. Die Vollernter, die in Flachlagen wie zum Beispiel in der Pfalz eingesetzt werden können, kommen für viele Steilhänge an den Flußufern ohnehin nicht in Frage. Etwa 400 Arbeitstunden sind nötig, um einen Hektar Trauben zu lesen – dabei achtet man darauf, daß jedes Beerle, das auf den Boden fällt, ebenfalls in die Butte wandert, im Weinberg darf nichts umkommen.

Von der angeblichen Romantik spürt nur der unbeteiligte Zuschauer etwas, für die Arbeiter im Weinberg und in der Kelter ist der An- und Ausbau des Weins harte Arbeit. »Die Kelter ist gewöhnlich eine weite Halle mit verhältnismäßig niederen Wänden und hohem Dach, dessen Stuhl innen offenliegt, weiten Toren und holzvergitterten Fenstern. Darin standen bis vor kurzem überall die alten eichenen Pressen mit mächtigen Kelterbäumen. Der Betrieb der Pressen mit den Spindeln, die mit Drehbäumen aufgewunden wurden, entwickelt, namentlich bei nächtlicher Beleuchtung ein eigenartiges, malerisches Leben.« So beschreibt ein königlich-württembergischer Beamter seinen Dienstausflug in ein Weinbaugebiet.

Die Stettener aus dem Remstal hatten wenig von diesen malerischen Perspektiven. Ihnen haftet noch heute der Übername »Mischttasche« an. Er stammt aus einer Zeit, in der die mit weltlichen Gütern nicht gerade überreich gesegneten Wengerter auch sonntags Dünger gestreut haben – allerdings in Form von heimlich in der Kitteltasche mitgebrachten Mistbollen. So überlisteten sie den Herrgott und den Pfarrer und trugen dazu bei, daß der steile Hang ein kleines bißchen mehr Wein gab.

Buttenträger bei der Lese

»Viel Stöck, viel Brüh« hieß die Maxime der Weinbauern, an der man heutzutage immer noch gern festhält. Die Höchstertragsregelung, die im Rahmen der EG auch in der Bundesrepublik fällig war, stieß auf erbitterten Protest der Württembergischen Weingärtner. Als Höchstertrag sollten, wie in allen anderen Weinbaugebieten auch 100 Hektoliter Wein pro ha gelten. Doch die Schwaben forderten 140 Liter pro Ar für ihren Trollinger, mit einer Sonderregelung von 120 Litern sind sie nun davon gekommen. Immer noch reichlich, wenn man bedenkt, daß für einen französischen Landwein im allgemeinen 80 hl/ha gelten.

Doch die Angst der Wengerter um ihr Einkommen ist verständlich, wenn man weiß, daß erst in jüngster Zeit ein einigermaßen gesichertes Auskommen durch Weinbau gewährleistet ist. Früher verkaufte man den Wein »unter der Kelter« an Wirte und Händler. In Jahren mit hohem Ertrag gab es weniger Geld für den Liter, in Jahren mit kleinem Herbst reichte der Erlös kaum zum Überleben. Erst durch die von Seiten der Obrigkeit geförderte Besinnung auf Qualität konnte das Los der Wengerter verbessert werden. Doch die hohen Herren dachten bei ihrer Veredelungspolitik nicht nur an ihre armen Weingärtner. Sie handelten durchaus im eigenen Interesse, denn auch die Weingärtner waren in das System der Naturalabgaben einbezogen, geistliche wie weltliche Herren labten sich am Zehntwein.

Den Wengertern sagt man nach, daß sie Schuld und Verdienst an ihrem Rebensaft nach Gutdünken zuweisen. Ist der Wein gut geraten, rühmt er ihn als »oiges Gwächs«. Bei einem schlechteren Jahrgang sagt er »So hat's der Herrgott halt wachse lau!« Ein solches, nicht gerade wohlschmeckendes Viertele wird als Semsakräbsler bezeichnet; ein Gewächs, das sich an der Hausmauer bis zum Sims emporgerankt hat, weil es so wenig Sonne bekam. (Die eigene Kammerz, den Weinstock als Zierde des Hauses, hat man früher an vielen Bauernhäusern gefunden.) Der echte Schwabe versteht es, sogar bei guten Ernten zu jammern. Und sei es nur, »weil's Erdreich so jessasmäßig ausglaugt wore isch.«

Für die Weinfehler, die meist im Keller entstehen, gibt es zahlreiche mundartliche Ausdrücke. Wenn er zu viel Schwefel mitbekommen hat, dann bockelet er, riecht also nach Bock. Mancher Wein erdelet, doch das muß kein Fehler sein. Erst wenn er meuchelt wird es kritisch. Und wenn man ausdrücken will, daß sich der Weinbau kaum mehr lohnt, sagt man – wie in Hedelfingen – »Do traget d'Läus d'Butte.«

Typisch für den Württemberger Wein: das Bodegfährtle

Besen, aber keine Kehrwoche

Wenn im Winter einige Wengerter für ein paar Wochen den Besen vor die Türe hängen, dann beginnt im Ländle die fünfte Jahreszeit, die Zeit der Besenwirtschaften. Woanders heißen sie Straußen- oder Buschenwirtschaften – im Prinzip herrscht aber überall das gleiche Gedränge und der junge Wein vor. Kein Wunder, daß die Besenwirte reichlich Zulauf haben, wenn sie mit Viertelespreisen von drei Mark locken. Allerdings räumen die meisten schon lange nicht mehr die gute Stube, sondern richten den Keller, die Scheuer oder ein Nebengebäude als Wirtschaft her. Den Stuttgarter Wirten sind die Nebenerwerbswirte in ihrer Nachbarschaft ein Dorn im Auge. Sie wollen, daß die Plätze in den Besenwirtschaften auf vierzig begrenzt bleiben. Die Besenwirte dagegen liebäugeln mit sechzig Plätzen, weil sich das Geschäft sonst nicht »rentiert«.

Wein und Geschäft gehören seit alters her zusammen, zumindest wenn es sich um Rechtsgeschäfte handelt. In »Der Schwabe und die Obrigkeit« erinnert Angelika Bischoff-Luitlen an den »Weinkauf«, einen Brauch, der schon bei Römern und Germanen üblich war. Ein Vertrag erlangte erst Rechtskraft, wenn beide Parteien ein Glas Wein darauf getrunken hatte. Zu diesem Zweck mußte Wein gekauft werden, die Sitte nannte man den Weinkauf.

»Damit die Sitte des Weinkaufs nicht ausartete, hat der Herzog von Württemberg in seiner Gemeindeordnung von 1756 die Prozentsätze festgelegt, bei einer Kaufsumme von 50 Gulden durften 45 Kreuzer zum Weinkauf

verwendet werden, von 100 Gulden bis 400 Gulden pro Hundert 30 Kreuzer« heißt es in dem oben genannten Buch.

Doch bei diesen staatlich verordneten Gelagen konnte es nicht ausbleiben, daß ein Bekräftigungschluck zur Sauferei ausartete. Auch Frauen waren dem nicht abgeneigt, wie ein Heilbronner Ratsdekret zeigt: »Den Weibern, so dem Trunk ergeben, sollen vom Stadtknecht Zettel an den Kopf geheftet werden mit den Worten: Versoffene Krugurschel«.

Auch manche Studenten sprachen dem Wein über Gebühr zu, selbst in Tübingen, wo der Wein der Gôgen schon immer in Verruf war. 1584 verzeichnet ein Tübinger Universitätsprotokoll folgende Begebenheit: »Abraham Wolfskel aus Speyer wird vom Rektor ins Carcer gelegt, weil, Weins besoffen, um Mitternacht auf der Straße gräulich Gott gelästert, nämlich als ›hunderttausend Donnerschlag‹ und ›das Feuer soll vom Himmel fallen‹.«

Feuer- und Lebenswässerle

Neue Kraft schöpfte und schöpft man hierzulande nicht nur aus dem Wein, sondern auch aus den vielfältigen Lebenswassern, die man in Wein- und Obstgegenden herstellt. Das beliebteste Wässerle ist der Schwarzwälder Kirsch, im Badischen Chriesiwasser genannt, der zumindest früher aus den kleinen, bittersüßen Vogelkirschen hergestellt wurde, die man mitsamt den Kernen zerstampfte. Das freiwerdende Bittermandelöl gibt ihm sein charakteristisches Aroma. Doch auch Mirabellen-, Birnen-, Zwetschgenbrände und die gemischten »Obstler« werden zu recht gerühmt.

Viele Obstler stammen aus einfachen Kleinbrennereien

»Ins Faß ei'schlage« ist die herbstliche Lieblingsbeschäftigung vieler Landbewohner. Vor allem ältere Leute, die oft unter lebensgefährlichen Bedingungen Obst ernten und sich tausendmal nach Fallobst bücken, denken dabei an das herrliche Schnäpsle, das man aus den häufig verschmähten Früchten brennen kann. In altehrwürdigen Brennereien, die in ehemaligen Ställen, Wasch- oder Backhäusle von Bauernhöfen eingerichtet wurden, findet man daher heute noch Brennkessel, die Spirituosen von besonderer Eigenart liefern. Natürlich wacht heute der Staat mit Argusaugen über alle Kleinbrenner, denen es kaum noch gelingt, ein Fläschchen Hausbrannt am Fiskus vorbeizumogeln.

Nicht vom Baum, sondern aus dem Boden kommt der Rohstoff für ein besonderes Tröpfchen, das es vor allem im Pforzheimer Raum gibt. Der Topinambur, ein Klarer aus der Erdbirne, einer rotschaligen Wurzelknolle mit artischockenähnlichem Geschmack, ist so kräftig, daß man sich erst an ihn gewöhnen muß. Dann aber freundet man sich mit dem Stöffchen an und versucht, dem Brenner eine Flasche abzukaufen. Das ist nicht immer leicht zu bewerkstelligen, denn gerade die raren Tröpfchen sind für den Hausgebrauch gedacht. In Gegenden, wo man Schnaps brennt – und trinkt – hieß es früher »Morgens kein Schnaps, des isch's helle Gift!«.

Guten Appetit!

BILDNACHWEIS

Informations- u. Verkehrsamt der Stadt Aalen (Peter Schäfer) 122
Gerhard Bäuerle 35, 103, 132, 133, 160 (2), 170 (3), 171 (2), 184 (2), 195, 196, 197, 198
Museum Biberach 83, 159
Kunsthaus Bühler Stuttgart 181
Deutsches Brotmuseum Ulm 14, 21, 22 l., 23, 44, 97, 140
Rainer Fieselmann 19 l., 175
Archiv Gerstenberger 12, 92, 156, 158, 187, 191
Erhard Hehl 120
Universitätsarchiv Hohenheim 95, 183
Foto Holder 32, 37, 57, 101, 167, 188
Bürgermeisteramt Mundelsheim 22 r.
Stadtarchiv Pforzheim 190
Bildagentur Prenzel 13, 139 (Frisch), 153 (Kopetzky), 193 (Digul), 194 (Arnold)
Reisebüro Rominger 141
Toni Schneiders 30
Sirius Bildarchiv/Döbelin 28, 34, 39, 40, 41, 47, 51, 61, 63, 69, 76, 84, 106, 108, 118, 119, 129, 143, 148, 157, 161, 163, 177
Sirius Bildarchiv/Mueck 72 o. (3), 87 (2)
Staatsgalerie Stuttgart 20, 50, 168, 185
Peter Stecher 56 o., 62
Fotostudio Chr. Teubner 8, 27, 81, 91, 104, 110, 115, 127, 131, 199
Württ. Landesbibliothek 59 o.
Württ. Landesmuseum 72 u.
Württ. Weingärtnergenossenschaft 189
Albert Zimmermann 19 r.

DANKSAGUNG

Die Gedichte auf Seite 60 und 85 wurden mit freundlicher Genehmigung des Verlags Karl Knödler, Reutlingen, den Büchern von Heinz-Eugen Schramm »Maultaschen« und von Wendelin Überzwerch »Gaisburger Marsch« entnommen. Das Zitat auf Seite 110 entstammt dem Buch von August Lämmle »Die Reise ins Schwabenland« und wurde mit freundlicher Genehmigung des Fleischhauer & Spohn Verlags Stuttgart wiedergegeben.